스팸메일

스팸메일
—
초판 1쇄 2019년 11월 29일
지은이 백윤석
펴낸이 김영재
펴낸곳 책만드는집
—
주소 서울 마포구 양화로 3길 99, 4층 (04022)
전화 3142-1585·6
팩스 336-8908
전자우편 chaekjip@naver.com
출판등록 1994년 1월 13일 제10-927호
ⓒ 백윤석, 2019
—
* 이 책의 판권은 저작권자와 책만드는집에 있습니다.
  이 책 내용의 전부 또는 일부를 재사용하려면 양측의 동의를 받아야 합니다.
* 잘못 만들어진 책은 구입하신 서점에서 바꾸어 드립니다.
—
ISBN 978-89-7944-709-5 (04810)
ISBN 978-89-7944-354-7 (세트)

책만드는집 시인선 138

스팸메일

백윤석 시집

책만드는집

| 시인의 말 |

꿈에서도
시를 썼다,
늘 가편의 시를 썼다
평소에는 쓸 수 없는
절창에 감탄하며
이번엔
놓치지 않으리
달달 외며 잠이 깼다

내 삶도
꿈같아서
그 속에 쓴 시 같아서
잡았다 생각하면
늘 빈손만 남아 있는
오늘은
그 신기루 잡으려
연필에 침을 묻힌다

−2019년 11월
백윤석

| 차례 |

5 • 시인의 말

1부 꽃이 내게 전하는 말

15 • 상사화
16 • 패랭이꽃 칸타빌레
17 • 동백꽃
18 • 족두리꽃
20 • 시계꽃
22 • 타래난초
23 • 천일홍
24 • 달구비 대첩
25 • 석류
26 • 달개비 궁궐
27 • 비파꽃 설법
28 • 꽃대, 일어서다

2부   가슴으로 톺아보기

31 • 그림자
32 • 문장부호, 느루 찍다
33 • 사과나무 절집
34 • 하늘공원, 슈퍼문 뜨다
35 • 해토머리, 오후 2시
36 • 어떤 내성
38 • 5단 변속기어와 연애의 유사성에 대한 연구
40 • 어떤 신방
42 • 병어
43 • 포켓볼
44 • 돌돔
46 • 2 + 1

3부   온고지신

49 • 논개, 용궁에 가다
50 • 이산
51 • 훈민정음해례본을 읽다 1
52 • 훈민정음해례본을 읽다 2
54 • 달, 황진이
56 • 바람에 부치는 편지
58 • 어사의 달
59 • 알리바바 한국에 오다
60 • 세검정을 읽다
61 • 초당의 불빛
62 • 완도를 말하다
64 • 하피첩을 읽다

4부 바람의 행로

67 • 그래도
68 • 혀? 혀! 혀,
70 • 여인, 혹은 아줌마
71 • 장지갑
72 • 그 남자의 사랑법
73 • 그 여자의 사랑법
74 • 에덴의 서쪽
75 • 어떤 배달사고
76 • 바람의 현상학 1
78 • 바람의 행로
80 • 아모르파티
82 • 바람의 현상학 2

5부   그림자도 비켜 앉는 사람들

87 • 어떤 우산
88 • 가을, 귀로
89 • 굴뚝새의 기억
90 • 스팸메일
92 • 하루의 음계
94 • 홀소리를 읽다
96 • 일어서는 골목
97 • 어떤 귀로
98 • 우울증
99 • 현금지급기
100 • 불면, 혹은 기근
101 • 섬

6부   천국의 계단

105 • 네팔
106 • 그래서 미안합니다
107 • 사이에 대한 언어학적 고찰
108 • 3초
109 • 한 가인
110 • 해주고픈 이야기 네 가지
111 • 불두화 어머니
112 • 돌도끼 리모컨
113 • 골목의 시간
114 • 거짓말, 그 새빨간
116 • 집합에 대한 언어학적 고찰
118 • 여름, 그 에피그램

120 • 해설 _ 김태경

1부
꽃이 내게 전하는 말

상사화

그래,
이대로 가자
고개 꼿꼿
치켜들고

풍요는
때로는 남루
치장일랑
벗겨내고

화르르
불을 당긴다
오! 눈부신
저 다비,

패랭이꽃 칸타빌레

어쩌다 여기까지 속절없이 내밀렸나
꽃번지 설 곳 잃은 패랭이꽃 한 송이가
피맛골 비좁은 골목
채찍 피해 움을 튼다

얌심 품은 뒤울이 끝 꽃샘잎샘 그도 너머
달라붙는 시선쯤은 가슴으로 녹여내는
밖으로 내모는 손짓
그 앞에서 당당한,

탈 많은 주홍 글씨 저울 위 얹지 마라
시커먼 속내 감춘 너보다는 더 솔직한
어려움 홀로 버티는
니르바나 꽃이러니

동백꽃

겨우내
애쓴다는
그 애길
전해 듣고

한 번쯤
다녀가마
약속마저
잊었는데

하마나
기다렸다고
내민 입술 밉지 않네,

족두리꽃

금빛 햇살 눈이 부신
국적 잃은 한 구석에
전통혼례 예비하는 서양 신부 왁자하다
두고 온
고향 소식에
얼굴 화장 들뜨고

교배례도 끝나기 전
입 찢은 늙다리 벌
단일민족 우긴다고 까만 눈 씨 틔울까
댓바람
눈요기하던
양지니 혀를 찬다

봉두난발
저 소나기
새색시 죄 건드린다
족두리란 족두리는 모두 끌러 팽개치고

무젖은
녹색 적삼을 벗기듯 훑고 간다

시계꽃

1.
담벼락 길을 내는
덩굴손 외줄기에

감긴 태엽 다 풀린 듯
멈춰 선 시계 하나

분주한 꽃들의 시간
돌연 멈칫, 숨이 멎고

2.
무엇 하나 품지 못한
텅 빈 이내 글 뜨락에

갈 길 잃은 손끝에도
빛의 다비 남겨질까

자꾸만

부러지는 연필
탓만 하다 동이 트네

타래난초

너 한 발 나 한 발로
내딛는 무욕의 땅

엎어지면 일으키고
일어서면 잡아끄는

저 들녘
하늘 오르는
두레박 물질 소리

천일홍

몇 해 전
받은 꽃을
사느라
잊었는데

한구석
팽개쳐져
뼈와 살
다 굳어도

사람아,
너만 같아라
변치 않는
네 가슴

달구비 대첩

북새풍 날 선 칼날 무뎌진 해토머리
파스텔 톤 꽃 함대가 남녘 땅 침공한다
복수초 금빛 투혼에 무너지는 방어선

무력한 겨울 조정 몽진 준비 한창이다
믿었던 꽃샘 장군 연패하여 달아나자
수천의 고드름 상궁, 처마 밑 몸 날리고

북진하는 꽃의 군대 축지법 쓰나 보다
다급한 파병 요청, 파르티잔 달구비 장군
다 잠든 야음을 틈타
기습 공격 하! 저 난타

석류
– 햇살에게

아! 이를 어떻게 해,
곧 나올 것만 같아
처녀인지 몰랐다고
할 말이 그게 다야?
어쩌나,
홀로 산다는 건
죽기보다 싫은걸

나를 가져 내 안에 든
붉은 빛깔 아기들도
오목조목 참 예쁘지
꼭 당신 빼닮았어
기억해,
비 오는 날에도
목 길게 빼 든 나를,

달개비 궁궐

1.
바람의 풀무질로 노역勞役은 시작된다
가뭇없는 망치 소리 허공 두루 가로질러
육교 위 불쑥 치솟는
달개비 궁궐 한 채

뜸한 발길 멈칫 걸음 비켜 가는 길목에서
숨통 트는 옹근 손길 시선 한 번 못 끌어도
청기와, 그 푸른 감청
지붕 곱게 올리고

2.
버선발로 끌려가신 꽃다웠던 우리 할매
짓밟는 군홧발에 삭신은 다 뭉개져도
안으로 쌓아 올린 성채,
끝내 허물지 않았다

비파꽃 설법說法

미황사 대웅전 앞 햇살 한 뼘 남은 자리
안거에 들지 못한 벌 몇 마리 불러 와서
비파꽃 향기를 안고
현 고르는 저물녘

봄 그리 기다리며 탑을 도는 사람보다
털외투 입고 와서 꽃망울 터뜨리는
안으로 멍든 세상에
오체투지 던지는 꽃

너테 낀 가풀막 위 수레 한 대 뒤뚱인다
장갑도 양말도 없이 어둠을 되작이는
할머니 꽁꽁 언 손발,
눈보라를 헤쳐 간다

꽃대, 일어서다

소슬바람 귓속말로 보도는 들썩인다
스펙 없는 발걸음들 박자 놓친 퇴근길에
블록 틈,
제 계절 잃은
제비꽃에 발이 멎고

비정규직 후일담이 무자맥질 하는 길목
몸통 불린 큰 그늘이
일순, 나를 덮쳐오면
꺼지던
불씨 살리는
보랏빛 몸짓 하나

피곤한 뒤축 끌며
또 하루가 눕는 시간
불쑥 이는 삼각파도 골목 꽉꽉 조여와도
철 이겨 피는 꽃대는
끝내 막지 못한다

2부
가슴으로 톺아보기

그림자

햇살이 나를 범해 나는 그를 낳는다
배부름도 산통도 없이 쑤욱쑥 낳은 그
그래서 만만한 게다
무덤덤히 품는 게다

단 한 벌로 계절 나는 무채색 저 의복을
한평생 단 한 번도 갈아입지 못하면서도
그는 참 비위도 좋다,
날 따르는 것을 보면

편안하다, 저 어둠 속 그에겐 굴레가 없다
땅바닥 드러누워 온갖 흉내 다 해내다
비 듣자 따르던 발길
잠시나마 멈춰 선,

문장부호, 느루 찍다

점 하나 못 챙긴 채 빈 공간에 갇히는 날
말없음표 끌어다가 어질머리 잠재우고
글 수렁 헤쳐 나온다,
바람 한 점 낚고 싶어

발길 잡는 행간마다 율격 잠시 내려놓고
어머니 말의 지문 따옴표로 모셔다가
들레는 몇몇 구절을
초장으로 앉혀야지

까짓것, 급할 게 뭐람 쌍무지개 뜨는 날엔
벼룻길 서성이는 달팽이도 불러들여
중장은 느림보 걸음,
쉼표 촘촘 찍어보다

그래도 잘 익혀야지, 오기 울컥 치미는 날
뙤약볕 붉은 속내 꽉 움켜쥔 감꼭지로
밑줄 쫙! 종장 그 너머
느낌표를 찍을 터

사과나무 절집

동안거 든 사과나무로 목수들이 들어갔다
양지바른 구석 자리 멧새 둥지 복층 삼아
튼실한 우듬지들로
서까래를 질렀다

맨발로 온 이슬비가 갈매 잎새 치장하자
맵짠 솜씨 손길 따라 피어나는 저 꽃살문
무시로 내려온 낮달,
팔뚝 걷고 서성인다

다 지어진 불당으로 스님들이 몰려갔다
비와 별 공든 시주, 화엄 이내 깊어진 듯
은은한 독경에 맞춰
붉게 퍼진 목탁 소리

하늘공원, 슈퍼문 뜨다

길 위에서 넘어진 해, 길을 딛고 일어선다
눈먼 도시 부랑아들 그러모아 눕힌 들녘
침침한 길턱 언저리
왕릉처럼 우뚝 선 날

징용 가신 우리 할배 뼈도 살도 삭은 후에
화두조차 되지 못한 막장 울음 입에 문 채
저 억새, 바람을 불러
먹빛 어제 들추는데

거친 붓 끝 곧추세워 빈 하늘에 옮겨 쓴다
비손하는 눈길마다 무저갱 속 길이 솟길
슈퍼문, 낙관 찍는다
금빛 가루 흩뿌린다

해토머리, 오후 2시

성품은 신사임당,
외모는 미스코리아
열 살 아래 아가씨와 새장가를 들었다
흙수저
쪼그라든 음지,
기적처럼 봄이 왔다

살다 살다 순풍순풍 아이도 낳아 길렀다
어리숙한 내 그늘에 똑 부러진 볕이라니
하! 그놈,
똘똘한 것이
제 엄마를 쏙 빼닮고,

꼬인 일도 술술 풀려 나뭇잎도 돈이 되었다
모든 게 네 덕이다, 와락! 그녀 껴안을 때
앗! 이런, 그럼 그렇지…
그녀 빼고 봄만 왔다

어떤 내성

외로움도 참다 보면
내성이 생긴다고
살갑던 품속 그녀 떠나보낸 어느 해 봄
누군가
말해주었네
눈이 녹듯 잊을 거라

눈이야 때가 되면 제 스스로 결박을 풀지만
내 안엔 얼키설키 똬리 튼 인연의 끈
<u>스르르</u>
풀리면 좋겠네
이내 깜냥만으로도

밤새도록 뒤척이다 목울대 잠기는 날엔
창가를 지켜주던 성긴 달빛 몇 줄기가
차라리 눈물이면 좋겠네,
내게는 다 말라버린…

인연은 강들의 조우, 묵묵하던 강들의 조우
만나고 헤어짐이 이리도 쓰린 거라면
바위가 길을 막아도
소리 내지 않으리

5단 변속기어와 연애의 유사성에 대한 연구

첫눈에 반했어도
결코 티 내지 말 것
자석 같은 눈빛을 쏴
선입견 떨쳐내고
가슴에
불꽃 튀어도
안 그런 척 서서히

바쁜 호흡 가다루며
속도는 마침맞게
첫술에 배부를까,
조바심은 내지 말 것
섣부른
고단 기어는
시동마저 꺼치나니

슬로우 퀵 슬로우 퀵
앞만 보고 내달리다

때로 치는 뒷걸음질 약 되는 줄 모르는
남자는 무조건 직진,
쉿, 쉿! 그 입
다물라!

어떤 신방

물 한 방울
안 묻힌다,
설레발에 가슴 설레

거푸거푸 망설이다
살림 덜컥 차립니다

아, 이런
신혼 첫날부터
그이는 외박입니다

출신 성분
학력 외모
안 따진다는 그 말 믿고
따라나선 외딴길이
만 길 벼랑 앞이라니
그 없는
깜깜 무저갱,

서성이길 어언 10년,

기왕지사 뱉었으니 충격 고백 보탭니다
찾아올 땐 저만 급해 볼일 봤다, 코를 고는
저 저 저,
웬수 바가지 시詩!
등 돌리고 잡니다

병어

지끈지끈 방향 좌표 계산 못한 밥상머리

엎친 데 덮친다는 속담은 마침맞다. 해법수학, 수학의 정석 공부하기 머리에 쥐 나, 논두렁 건달로 어슬렁대다 겨우 얻어 탄 이 배에도

떡하니
올라와 묻는다,

이 마름모의 넓이는?

포켓볼

갈릴레이도 몰랐을
어느 우주 한구석에
내 아이 행보 같은 한 별의 돌발 궤적
자전도, 공전도 멈춘 채
뭇별들이 떨고 있다

일순 저 멀리서 돌진해 온 혜성 하나
앞서 있던 노란 별의 머리를 쥐박더니
연이은 저 연쇄 충돌
블랙홀에 빠지는 별

누군가 힘을 실어
밀어 친 저 유성에
고요한 이 푸른 별 충돌할지 모르겠다
지구는
지금 절대 위기
기다린다, 다음 큐

돌돔

탈옥을 꿈꿔왔다,
입질은 핑계였다

식상한 미끼를 문 건
치밀히 짠 나의 계획

내 몸에
새겨진 죄수복
벗어버리고 싶었다,

조용히 살려 해도
등 떠미는 오지랖에

아무거나 잘 먹으며
엄지손 척! 내미는

답답한

너의 입맛을
사로잡고 싶었다,

2 + 1

걸핏하면 폭탄 세일
지라시 넘쳐난다
혼자서도 너끈한 길 끼워 파는 난장에서
십진법 절대 가치가
덤으로 흔들린다

2×4 센터 2×9 아나
헷갈리는 셈법 사이
나도 몰래 동떨어져 떨잇거리 되어버린
아, 나는
누구였더라
짚어보는 이 아침에,

나는 어느 진열대 위 덤 포장된 상품일까
반반한 묶음 따위 바라지는 않았어도
어눌한
손가락셈으로
저문 하늘 가눈다

3부
온고지신 溫故知新

논개, 용궁에 가다

오물을 끌어안고 푸른 바다 넘본 논개

 오염 물질 투기죄로 용궁에 잡혀 오는데 오메, 용궁에선 전혀 못 본 천하제일 절색이라. 문어장군, 거북군사 오라는 무슨 오라 껴안기 몸 비비기 호송 마냥 늦어지고, 건강 체크 한답시고 젖꽃판, 깊은 숲 훑기, 진단법도 다양하다. 편작도 울고 갈 새 시대의 치료법이라나. 게다 끌고 영문 모르고 끌려간 작달막한 왜인 장수 구린내 펄펄 나는 입 벌리며 하는 말이 그 누가 아무리 자기네 땅이라 우겨도 죽도에서 죽도록 맞고 싶어 독도를 죽도라고 우겼다나. 여차저차 끝에 용왕 앞 끌려간 논개, 이생에 한이 많아 후생에 반도의 왕으로 태어나길 간청하는데 남해 용왕, 미모 탐하다 헛송신을 했다나 봐. 어머나, 반도의 왕으로 보낸 이가, 보낸 이가 글쎄… 논개의 거푸집에 왜장을 넣었다나

 아뿔싸, 이 일을 어째 반도 저리 요란하다

이산*

바람의 풀무질로 모반은 시작된다
뒤주 속 갇힌 어둠 하늘길 열 때까지
열한 살 어린 세손만
매미처럼 울다 갔다

터진 등 화농 자국, 수은 방울 얼비친다
알 품은 황새 내몬 상처에 덧댄 음모
하늘가 동녘 샛별도 금빛 눈물 떨군다

* 조선 22대 임금, 정조의 휘(이름).

훈민정음해례본을 읽다 1

내 글 없는 드난살이 절룩대는 거둥길에
더듬더듬 서툰 말씨 북두성에 닿았을까
어진 뜻 휘도는 한지,
소리글자 뛰놀고

골골샅샅 집집마다 앞마당에 차린 글방
툭! 꺾은 나뭇가지 가나다라 붓길 튼다
아버지, 기웃거리다
까막눈이 트이고

너겁 속 꿈틀대던 해례본 눈을 뜬다
꼭꼭 여민 솔기 매듭 지켜낸 책 한 권이
동방의 샛별로 뜬다,
먹빛 세상 깨운다

훈민정음해례본을 읽다 2

1.
들쭉날쭉 엎드린 산 어진 속뜻 다 가린다
두루 펼쳐 나누고파 사라질 빛 간추릴 때
늦저녁 고루鼓樓 북소리
먼 메아리 풀고 있다

굽힘 없는 나랏말씀 해례 행간 불 밝히면
노을빛 물든 산하, 천강에 달이 뜨고
한 무리 기러기 떼가
홑소리로 떠간다

먹빛 구름 가른 눈길, 하늘 가녘 글방 연다
가나다라 고노도로 깜빡이며 이은 글씨
계명성, 칠흑 여백에
아래아 콕! 찍어놓고

2.
저문 시간 실눈 뜨는 광화문 달뜬 광장

어눌하게 길을 묻는 눈 파란 이방인들
입에서 달빛 뿜는다,
금빛 은어隱語 반짝인다

달, 황진이

1.
앞 못 보는 어머니의 태몽 속 점지였나
눈길 홀린 꽃숭어리 뭇 사내들 죄 울린다
꽃상여 저승길 뜨다
그 집 앞 멈춰 서고

장옷 쓰고 닫는 길은 외쪽으로 열리는가
목 놓아 매달려도 깊이 물린 금단의 문
초승달, 금빛 칼날로
꽉 잠근 빗장을 딴다

2.
S라인 여인들이 씰룩 걸음 걷는 거리
얼기설기 엉겨 붙은 공복의 시선들이
환생한 황진이 뒤를
졸래졸래 따라간다

잠든 별 죄 깨운다, 칭얼대는 울음소리

능갈치는 빈 젖꼭지 그 실눈에 부서지는,
보름달 앞섶을 풀어
젖멍울 매만진다

바람에 부치는 편지
– 황진이

1.
해어화도 꽃인 것을 그대는 모르셨나요
꺾이기 원했으나 꺾는 것 아니라시던
그 작은 손사래에도 지축까지 흔들려요

당신과 걷는 꽃길 무지개 떠 축원해도
잡힐 듯한 내 바람은 신기루처럼 흩어져서
식은땀 밤새 시달리다 그루잠에 들곤 해요

꽃못에 몸을 씻어 굴레 모두 벗겨낸 날
무에 그리 급하시다 서둘러 떠나실 때
손 익은 저 가야금도 제 명줄을 끊어요

2.
가슴팍 고인 시름 눈두덩은 모자라서
얼굴에 판 눈물이랑 온 산하 헤집다가
저 하늘 눈물샘 터쳐
만산은 강입니다

머무시는 도린곁도 그림자가 따르나요
낯선 어둠 길들여져 내 본모습 잊혀도
두어 발 뒤에서나마
뒤따르고 싶습니다

여반장의 세상살이 공염불 다짐이어도
우리, 혹여 운이 닿아 후생 다시 만나는 날
오로지 그대 위해 꺾인
꽃이 되고 싶습니다

어사의 달

1.
새재 넘는 저 그림자 날랜 갈기 재우친다
박 어사 잠행길에 힘 보태는 달의 변주
허리춤 드러난 반달, 지친 말을 재운다

두어 번 암행에도 골골샅샅 왁자하다
바람이 깊을수록 꽃숭어리 여는 설화
오마패 보름달로 떠 출두 시기 여순다

2.
눈 부릅뜬 외눈박이 낚배 띄운 도시 거리
바바리맨 검사 영감* 빈 미늘 덥석 물자
하현달 금빛 날 갈아 멍든 세상 고눈다

* 2014년 8월 제주 검사장의 음란 행위가 적발된 사건이 있었다.

알리바바 한국에 오다

마르자나 도움으로 천국에 간 알리바바

 동방의 작은 나라 금수강산 보고 싶어 옥황상제 뇌물 먹여 양탄자 타고 내려오다 천국 문에 걸린 올, 실밥이 솔솔 풀려 서울 저 한복판에 뚝! 하고 떨어졌겠다. 전후 사정 안 가리고 허둥지둥 내려온 터라 주머니는 텅텅 비고 배에서는 구조 신호… 동굴 같은 은행 앞에 선 줄 보고 저도 서서 무작정 기다리는데, 기다리는데 앞선 사람들이 뭔가를 찾아 흡족한 듯 돌아가는 거라. 순서가 돌아오자 그냥은 갈 수 없어 잊을 뻔했던 주문을 기억해내 냅다 외치는데 열려라 참깨! 아무리 외쳐봐도 문은 열리지 않고 제 말만 반복하는 숨어 있는 여자 목소리 혹여 마르자나가 아닐까 밤을 새워 나오길 기다리는데… 아직도 은행 모퉁이에 쪼그려 앉은 사람 보거들랑

 굶주린 이방인에게 관심 몇 닢 떼어주시길,

세검정을 읽다

먹물 자국 흐릿하다,
자하문 밖 너럭바위
천지현황 가나다라 저선생을 갈음하던
너른 품
벌어진 틈새,
모반의 싹 움트고

홍제천 물비늘이 사초 붓길 지워내자
능갈치는 함성으로 열어젖힌 겹겹의 문
무뎌진 칼날을 갈아
북악 하늘 가른다

깊은 밤 홀로 밝은
북두성은 헤아릴까
사위 사뭇 어둑해야
빛이 되우 밝다는 걸
못 이룬
광해의 꿈이
짙은 어둠 드리운다

초당의 불빛

초당에 새는 불빛
시냇물도 숨죽인다
나지막이 두런대던 두 그림자 몸을 뉘면
툇마루 엿듣는 바람,
젊은 애기 보채고

백련사 숨은 샛길 순백의 어둠 속을
길 하마 잃으실까 등롱을 켜 든 동백
지워진 오솔길 사이,
길 모서리 비추고

절룩 걸음 붉은 노을 동행한 천 리 길에
문 슬멋 지그려둔 외돌토리 시간에도
밤새워
먹 가는 소리,
적소 땅을 흔든다

완도莞島를 말하다

 개천에서 용 난다는 속담마저 사라진 땅

 점점이 흩어진 섬 우리네 마음 같아 바람은 바람대로 물결은 물결대로 제 갈 길만 재촉하고, 모이지 않는 틈새 노려 이웃한 도적들이 겨레붙이 채어 가도 나 몰라라 하는 땅, 이 난세 뒤엎어줄 영웅 뜰 날 언제일지

 땅바닥 바짝 엎드린 들풀들, 우련 깊다

 천년 전설 봉우리 튼 상황봉 꼭대기에 잘린 땅 내다보며 서성이는 그림자 하나
 달그락 몽돌 소리가 잠든 궁복弓福* 깨운다

 일찌감치 봇짐을 싼 찬 겨울이 언제던가 청해진 큰 배 짓는 망치 소리 요란하다
 우뚝 선 동이東夷 깃발이 성난 파도 갈앉히고

 내닫는 발길마다 매인 사슬 끊어내는 부푼 꿈 입에 문

채 꿈틀대는 용 한 마리
　동방에 횃불 밝힌다, 북두성 여명 아래

　외토리 섬 하나가 지켜낸 앞바다에 시위를 떠난 물결 온 대양을 건너간다
　묵언의 섬들은 안다, 숨긴 활이 더 무서운,

　어둑새벽 꿈틀댄다, 난바다 물길 뚫고 공복 하루 끌어안고 잠 못 드는 곳곳마다
　코리아 인쇄 글귀 뜯어 주린 배를 채운다

* 장보고의 본명.

하피첩을 읽다

몸은 처져
갈 수 없어 달뜬 마음 보냅니다
얼룩빼기 노을빛이 저만 같아 두려우나
사무친 당신의 손길,
첩帖으로나 받습니다

천 리 넘은 비단결에 옛 시절이 가득하오
까무룩 졸고 있는 호롱불 느루 깨워
밤도와
먹을 간다오,
당신 큰 뜻 가다루며

아들아,
자신을 갈렴
근勤과 검儉 양날 벼려
숙인 고개 곧추세워 나절가웃 톺다 보면
누적된 하루 담금질
앞길 환히 밝힐 테니,

4부
바람의 행로

그래도

삼각파도 몰아친다, 오늘이란 난바다에
삿대도 좌표도 없이 표류하는 저 인파 속
치미는 울화에 갇혀
길은 다시 아득하다

이제 더는 갈 곳 없는 막다른 외길에서
머리맡 구전口傳으로 이명처럼 배돌다가
거듭된 발싸심 끝에
불쑥 솟아오르는 섬

풍랑 그도 잠재우고 겨우 닿아 딛는 땅에
기댈 곳 없는 이의 마지막 버팀목 같은
벼룻길, 낯선 섬 하나
낮게 낮게 엎드린다

속절없는 출렁다리 거푸 짚는 그런 날에
그래도에 타전하는 갈급한 모스부호
끝 모를 바닥 아래로
동아줄 툭! 떨군다

혀? 혀! 혀,

솜씨 좋은 목수 박 씨
입담마저 걸쭉하다
전설 속 아방궁도
지었다고 뻥치더니
혀? 혀! 혀,
세 글자만으로
웃음바다 너울 친다

때는 바야흐로 벼르고 벼른 신혼 첫날,

손만 잡던 연애 시절 보름달에 흠뻑 취해 뽀뽀를 해댄 것이 화근이 됐다는 박 씨. 울고불고 물고 뜯는 그 여인을 겨우 달래 나 원 참, 뽀뽀 한 방에 결혼식을 올렸는데… 가만히 생각하니 어처구니가 없는 거라. 어떻게 골려줄까, 모른 척 그냥 잘까, 에라! 일단 자는 척하는 순간 구석구석 잘 씻고 온 맨얼굴 그녀 말이, 긴 머리 말리며 툭! 뱉는 그녀 말이… 혀? 안 혀, 였다나 봐. 그날 밤 박 씨는 혀! 라는 대답 대신 혀로 노를 밤새도록 죽어라 저었다는데, 난 파된 듯 표류하는 흔들리는 배에서는 혀 꼬부라진 소리, 콧바람 소리, 고양이 소리, 물 끓는 소리, 때로는 열차 소리, 잇따르는 소리, 소리… 그리고 암전. 그날 이후 혀?, 혀! 가 암구호로 정해지고,

  해 지자 박 씨 방 안엔 암구호 툭! 타전된다

여인, 혹은 아줌마

몸뻬를 입는 순간 여인은 진화한다
손은 있되 의지 없는 허수아비 기대 못 해
첫걸음 숱한 시도는
에움길을 헤매도

첫술에 배부를까, 가슴팍에 꽉 찬 허기
몸뻬가 스친 자리 오방색 꽃이 필 때
비로소 진화는 완성,
벽 스스로 문을 열고

그 누가 나무랄까, 맨손으로 헤친 심연
물렁살이 불룩 알통 탈바꿈하는 순간
세상아, 쉬! 물렀거라
줌마렐라 행차시다

장지갑

남의 손 쉽게 타는 뒤꽁무니 거기 말고
콩닥 뛰는 왼쪽 가슴 그 자리 머물고 싶어,
온몸이 해질 때까지
네 곁에 머무를게

빼어난 볼륨 몸매 원하는 너를 알아
살이 도통 붙지 않는 나 얼마나 답답할까
뽕 넣어 몸 불려서라도
나서고도 싶었지

외마디 불평 없이 홀쭉한 나 그러안고
어우렁더우렁 보듬으며 텅 빈 속 채워주던
자, 그만 너를 떠날래
이내 자리 고집 않고,

그 남자의 사랑법

복근 감춘 그 남자가 성큼성큼 다가와요
예쁜 건 어찌나 알고 꿰뚫을 듯 크게 뜬 눈
그 뻥짜 구름을 뚫고
하늘까지 닿아요

만만찮은 세상살이 어깨 처진 그가 와요
그래도 풀 죽지 않은 저 가공할 곁눈팔이
헐! 이런, 원래 사시라고
가당찮은 농을 쳐요

별도 달도 따 온다던 그이 머리 눈이 와요
애 둘 낳은 내 허리를 야위었다 혀를 차는
못 믿을 한마디 말로
언 가슴을 녹여요

그 여자의 사랑법

골드미스 그 여자가 킬힐 걸음 걸어와요
말 건네면 눈 흘김도, 콧방귀도 예사지만
스스로 콕! 찍은 상대엔
눈꼬리를 내려요

올드미스 그 여자가 슬그머니 다가서요
대머리에 짜리몽땅, 내게도 기회가 왔죠
생김새 무어 대수냐고
바짝 붙어 앉아요

펑퍼짐한 내 여자가 몸뻬 입고 걸어가요
두 아이 업고 안고 땅만 보고 휘청대다
그 남자 나만 사랑한다고
하늘 힐끗, 총·총·총…

에덴의 서쪽
— 뱀의 항변抗卞

꼬드김을 시작한 건 내가 아닌 이브였다
눈부신 그 육체에 해도 달도 빛을 잃고
목소리, 시도 때도 없이
그녀 뒤를 쫓았다

욕심 많은 신은 끝내 옷을 입히지 않았고
부끄러움 알리려고 선악과를 권했을 뿐
내 죄는 땅을 길 만큼
무겁지는 않았다

신에겐 비밀이 많아, 숨기고픈 비밀이 많아
그 꿍수 지키려고 내 혀 반 갈라놓고
멀쩡한 팔다리 잘라
겨울잠을 재웠다

사정없이 너를 무는 나를 결코 원망 마라
그의 형상 쏙 빼닮은 널 착각하고 내뿜는,
복수에 사무친 독기,
맹렬할 수밖에

어떤 배달사고

지웠다 다시 쓰기 몇 번을 거듭했나
시 한 편 낳는 데도 산통 이리 따르는데
근 백 편 고된 세월이
식사 한 끼 값이라니

각북 사는 이초 시인 속 가슴살 우려낸 국
지인에게 대접고자 몇 그릇 시켰는데
십수 일 행방불명 끝에
혜식은 것 찾았네

오똑하니 들어앉은 1층 상가 꽃집에서
제 향기 뭇꽃보다 더 진한 줄 모르는지
진종일 애태워 찾아도
코를 골고 누웠구나

바람의 현상학 1
- 이혼

1. 그 남자

너는 땅 나는 하늘, 나는 새도 동작 그만!
말 한마디 내뱉으면 다 이루던 지난날이
덴가슴 누르고 낳은
결과인 줄 모르고

세상 사람 반은 여자, 어렴풋한 오기 하나로
제 허물 쉬 덮는 이 더 없는 줄 모르고
묵묵히 저만 따르던 그림자를 지워요

2. 그 여자

손뼉 마주 안 치려고 참 부단히 노력했죠
몰아치는 회리바람 막을 수는 없었어요
바람은 한때의 바람
그칠 줄은 알지만

내 이름은 아이 엄마, 이름 바꿔 살면서도
햇살 직접 안고 싶어 끝내 도장 눌렀지요
방패가 사라진 자리
더 험한 줄 알아도,

바람의 행로

1.
바람은 바람이네, 그냥 가지 못하는
한겨울 맘껏 뽐내 차려입은 스커트를
끝내는 볼을 부풀려
홀러덩 뒤집고 가는

2.
과수댁들 모여 사는 외딴 시골 한 마을에
작지만 강한 남자 구호 내건 조대근 씨
첫 소리 어눌한 발음,
이장 선거 나설 때

바람이 가만 앉아 선거 유세 듣다 말고
플래카드 오탈자를 고치는데, 고치는데
앗! 그만
치맛바람 불어
몰표 당선 했다나 봐

3.
바람은 바람이네, 가만 두고 보지 못하는
문 열어줄 기세 없는 막 발라진 문풍지를
꼬드겨, 밤새 꼬드겨
기어이 찢고 마는,

아모르파티 Amor Fati
– 택시 기사, 고주행 씨

소싯적 금 나와라 뚝딱! 돈푼 꽤나 만졌다는
수생목水生木에
금생수金生水라
남의 앞길 꿰던 고 씨
뒤집힐
자신의 앞날은
미처 보지 못했는지,

산신령 사라지듯 행방조차 묘연타가
삐까뻔쩍 택시 끌고 떡하니 나타나선
여전히 하늘 찌르는
입담을 과시하는데

학력은 묻지 마라, 만물박사 학위시다
막 터진 스캔들에, 아이돌 가수 숫자까지
백미러 눈치 살피며
혼잣말을 되뇐다

사람 팔자 따로 있나, 나름 맞춰 사는 게지
꽉 막히다 뻥 뚫린 길 가속페달 질겅 밟다
돌변한 신호등 탓에
급브레이크 밟고 있는,

바람의 현상학 2
– 결혼

1. 그 남자

미팅도 소개팅도 단 한 번 못 해본 내게
한 여자 불쑥 다가와 윙크 마냥 퍼부었죠
오! 인연, 이게 바로 필연
커플 반지 끼었죠

덜컥 낳은 이 아이도 윙크를 남발해요
꼼꼼히 살펴보며 엎어진 물 닦아내다
자꾸만 이게 아닌데
침침한 눈 굴려요

2. 그 여자

해도 후회, 안 해도 후회 어른들 말 덜컥 믿고
시력 나쁜 남자 골라 한참을 삐팅겼죠
합환주, 그 독한 술을

물 마시듯 들이켰죠

눈이 밝아 사방팔방 곁눈질하는 사내보다
얼굴에 핀 기미마저 꽃잎으로 보인다는
소소한 말 한마디 믿고
먼 길 함께 걸어요

5부
그림자도 비켜 앉는 사람들

어떤 우산

후드득 빗소리에 대합실이 다 젖는다
쉼 없이 비를 털며 들락대는 사람들 속
척추 휜 우산 하나가
구겨진 채 나뒹군다

한때는 온몸으로 빗줄기를 막던 그도
살대가 부러지면서 하염없는 잠에 빠지고
노숙의 차디찬 빗소리
꿈결인 듯 듣고 있다

일순, 그 안에서 꽃대 하나 일어선다
성긴 꽃 잎눈이라도 손아귀에 움켜쥐고
비 듣는 세상 밖으로
무릎걸음 걷는다

가을, 귀로

저저금 떠나가는 가을의 끄트머리
우듬지 홀로 지키던 마른 잎새 떨어지자
할머니 가는 숨결이
파르르 떨려왔다

이 계절이 적기라고 부추기는 은행잎 따라
봇짐도 하나 없이 서둘러 길을 나선
빈 침실 마른 모서리,
햇살이 와 뒹군다

이승의 강 건너면 맞닿는 좁은 길섶
장막 속 골방 하나 옹색하게 세를 내고
두고 온 피붙이들을
위로하듯 내려다본다

"걱정일랑 말거레이, 내는 예 잘 있데이"
거푸 잇는 저 곡소리 가슴엔 비 뿌려도
멀거니 슬픔 누르는
할머니 미소, 곱다

굴뚝새의 기억

깜깜 벼랑 돌계단을 어떻게 기어 왔을까
다리 없는 굴뚝새가 뛰어든 지하철역,
삳 아래, 허방의 다리
배로 밀며 끌고 간다

지나는 칸칸마다 뱃길 새로 열리면서
짬짬이 닻을 풀어 불러젖히는 노래들
돌부처, 잔잔한 강에
물수제비뜨고 간다

한 손에 든 바구니에 떨궈진 동전 몇 닢,
저문 하루 무딘 부리 쫄 모이 아득한데
잔파장 지나간 자리,
허공 한쪽 무너진다

스팸메일

1.
한 톨 씨앗 잎눈 뜨는 문패 없는 내 뜨락에
잔뜩 덧난 상처마냥 몸 불리는 메일들이
용케도 바람벽 넘어와
슬슬 옷을 벗는다

끊임없이 거듭되는 공복의 내 하루가
한순간 눈요기로 허기나마 면해질까
꼿꼿이, 때론 덤덤히
삭제 키를 눌러댈 뿐

2.
눈발처럼 떠다니는 많고 많은 인파 속에
어쩌면 난 한낱 눈먼 스팸메일 같은 존재
무참히 구겨진 채로
휴지통에 던져질

눈길 한 번 받지 못한 외로 선 골방에서

팽개쳐져 들어앉아 변명조차 잊었어도
엉켜진 오해의 시간
술술 풀 날 기다리는,

하루의 음계

도심지 밖 시작 음은 높은 도가 내걸린다

애옥살이 겨운 무게 해가 더디 눈을 뜰 때 노루잠 든 하루 일과 들깨우는 수탉 소리 삼복날 올려질 식단, 제 차롄지 모르고

시작부터 전쟁이다, 베록잠 안 깬 뒤끝 허둥지둥 고양이 세수 그림의 떡 상 물리고 자동차 기침 소리가 출근길 줄을 선다. **라**디오나 크게 틀까, 노땅 티 허물 벗게, 몰아닥칠 잔소리는 좀 지나면 썰물이라 깜짝쇼, 준비한 랩으로 근심일랑 일단 접고

솔솔 부는 인사 바람 뜬소문만 왁자하다. 만년 과장 내 어깨 위 햇살만 와 두드릴 때 쥐구멍, 볕 들 날 있다 추임새를 넣는 바람. **파**열음만 자욱하다, 거래처 시소 전화 발길 잡는 안개 더미 넉살 좋게 풀어내고 퇴근길, 한잔 술로도 갈지자로 걷는다

미로였다. 뒤안길은 어둑서니 판을 쳤다. 어머니 꼬부랑 길 내 굽은 길 펴고 갈 때 들리는 나직한 음성, 굽은 등 다시 편다. **레**일도 뒤틀렸다, 바퀴마저 고장 났다. 그럭저럭 안전 운행 급제동도 없던 날에 아이들 키 크는 소리, 못 이룬 꿈 되감고

도 트이는 낯선 길목, 파열음 속 잠이 든다. 먼저 잠든 곤한 모습 안쓰러워 뒤척이다 아내의 코 고는 소리 이중주 화음 낼 때,

끝없는 도돌이표가 가는 눈을 키운다

홀소리를 읽다

#ㅏ
무엇으로 열릴까요, 꼭꼭 여민 그대 마음 목 놓아 매달려도 굳게 닫힌 철옹성을 적막한 초승달만 홀로 빗장 따고 넘습니다

#ㅓ
노크 소리 선잠 깨워 맨발로 나섭니다 둘러보면 기척 없고 무심한 저 바람뿐 떠도는 헛기침 여운, 문 지그려 둡니다

#ㅗ
풀섶, 발길 차입니다, 그대 오실 오솔길에 혹여 성큼 딛는 걸음 방해된다 말하시면 푸른 산 그림자마저 몽땅 베어 버리리다

#ㅜ
몸에 밴 나르시시즘 화근인 줄 알면서도 가쁘 뛰는 심장 깊이 대못질을 해댄 터에 못 와도, 아니 오셔도 탓할

수는 없겠지요

　# ㅡ

　쉬 벌리는 입이라고 하고픈 말 다 하면서 왜 용서 안 하냐고 성화만 부린 날엔 보름달 금실을 엮어 입 꿰매고 싶습니다

　# ㅣ

　우리 앞에 놓인 벽이 천 길 벼랑 높입니다 깨지고 넘어져도 훌훌 털고 일어나서 수만 길 단애를 넘는 동살 타고 가렵니다

일어서는 골목

들끓는 바람 소리에
길은 다시 암전이다
귀에 익은 밭은기침 곤한 새벽 들깨우고
꽁꽁 언,
발 쩔룩이며
뒤뚱대는 수레 한 대

하루를 들었다 놔도
새털 같은 삶의 무게
매 끼니 맨밥, 간장 진수성찬 삼아 먹고
미끄럼 가풀막 길을
오체투지로 넘는다

발길 잡는 어둑서니 움칫 뒤로 물러선다
미끄러져 넘어져도
일떠서는 그림자에
에움길
그 굽은 길도
휜 등을 곧게 편다

어떤 귀로

양달도 비켜 앉는 비탈길 어느 골방
뉘들은 다 가졌을 부장품 하나 없이
한 보름 지난 후에야
빛을 안은 해바라기

왁다글 씨앗에 눌려 고개 절로 꺾인 뒤에
널브러진 햇살조차 남들에게 다 내어준
옥죄는 도시 한켠에
매몰되는 꽃이여,

그 많던 낱알들은 어디로 다 흩어졌나?
제 어미 임종마저 못 지킨 애운함에
가을비 천둥 번개가
하늘 찢는 어느 날

살 만큼은 산다는데 더 흉흉한 세상인심
지금은 어느 풍문에 헌 옷가지 맡겨두고
귀잠 든 세상 깨우며
봄의 광배 예비할까

우울증

그 누가 파놓았나, 이내 안 깊은 수렁
뒤울이도 견딘 길섶 기지개 켤 새도 없이
첨버덩! 내가 빠진다,
대낮의 암흑이다

가슴 한켠 술렁이는 만개한 꽃 소식에
남들은 쉬이 닿는 바람 앞선 산보 길도
쉽사리 나서지 못한다,
몸과 맘 따로 놀고

허공 딛고 일어서라, 계단 하냥 따로 없다
천길만길 무저갱 속 누구나 혼자일러니
아파만, 아파만 말고
뭐든 밟고 일어서라

현금지급기

열려라 참깨! 주문 외며 동굴 앞 서성이다
오늘도 그녀와 난 비밀 거래를 튼다
카드에 꼭꼭 숨겨진
분신 밀어 넣으며

짧은 적막 그리고, 거듭되는 숨 고름 뒤
의심 많은 그녀가 자꾸 또 날 채근한다
서둘러 버튼을 누르면
에러, 에러… 잔고 부족

리필 끊긴 하루하루 하릴없이 뱉어진다
물 한 모금 풀 한 포기 덧셈 뺄셈 어김없는
강마른 도시 한복판,
미로에서 길을 잃고,

누군가 망연한 날 꼬누어 보고 있다
이내 안 속속들이 알고 있을 것만 같은
외눈의 눈동자 하나
정수리에 꽂힌다

불면, 혹은 기근

시 꽁무니 단초 캐다 올가미에 걸렸다
몸 뒤채고 버둥대도 더 옥죄는 손길 너머
만 갈래 흩어진 길이
발 딛기를 재우치고

눈 감아도 벌건 대낮, 허방 짚는 미로에서
어둠의 추깃물이 진땀으로 배어날 때
과녁을 정조준한 동살
눈꺼풀에 꽂히고

독방 형벌 가벼웠나, 숨 막히는 이 가중처벌
뜬눈으로 지새우다 곧추앉은 책상 앞에
손에 쥔 애먼 연필심만
툭! 힘없이 부러진다

섬

잉태되는 순간부터 사람은 섬이었다
모태의 보호 속에 눈 감고도 유영하다
탯줄이 잘리는 찰나
난바다 표류하는,

가쁜 하루 잔삽질에 포구 점점 생기면서
갈마든 바람 따위 무덤덤히 안았어도
저마다 급타전하는
노을빛 모스부호

포구마저 잃은 섬들 떠내려온 지하도에
무심한 눈길 더러 포말로 와 부서질 뿐
연륙교, 그 짧은 길은
끝내 닿지 않았다

6부

천국의 계단

네팔

히말라야 근처랬지
수도는 카트만두
서울에서 비행시간은 기껏해야 6시간 반
그런데 어쩐 일인지 난 2달째 비행 중

급유는 하는 걸까
조바심 자꾸 생겨
만년설 덮였어도 따사롭게 느끼는 곳,
이제는 그만 내려서 그곳에 닿고 싶네

지상에 단 한 곳, 이르고픈 미답의 성지
아, 코앞에 있어도 쉽게 닿지 못하는
언제나 가 닿을지 모를
그리운 그, 너의 팔

그래서 미안합니다

눈 가리고 귀를 막는 가슴속 퍼붓는 비
남의 탓, 세상 탓에 빛 드는 길 닫아놓고
달래다 지친 가을이
떠나는 줄 몰랐습니다

켜켜 쟁여 산 쌓아도 앙가슴 늘 비어서
남이 가진 콩 한 쪽도 내 것이라 우긴 터에
가을비 슬피 우는 까닭
관심조차 없었지요

나무라는 겨울쯤은 내 알 바 아니라고
따스한 아랫목에 자리 잡고 앉았다가
봄이야 늘 오는 거라고
치부하며 살았지요

폭염에, 장맛비에 모든 것이 휩쓸린 날
달랑 남은 몸피마저 의지할 곳 없는 뒤에
내 안에 뚫린 블랙홀
메우느라 바쁩니다

사이에 대한 언어학적 고찰

나, 너는 모르던 사이 콤마조차 없던 사이
단어, 단어 사이에는 협곡의 바다가 있다
그곳엔 돌고래가 와서 점프하며 뛰논다

'와'라는 낯선 다리가 협곡에 놓인 순간
외딴섬인 단어들은 연륙교에 묶인다
다리가 놓이자마자 어디선가 날아온 새

꿈틀조차 않던 섬이 '와'에게 붙들린 뒤
어느새가 둥지 틀자 우리로 변한 사이
관계를 무너뜨린 건 초겨울에 핀 개나리

개나리는 새를 날리고 고래마저 사라지자
나는 다시 백지 위 외마디의 굼뜬 단어
발등에 대못을 질러 구두점을 찍는다

3초

오메 어째야 쓰까잉
시방 뭐 해 부렀당가
기맥혀 코도 맥혀
헐 말이 업당께로

헐라믄 제대로 허지
3초가 뭐여 3초가

그라믄 안 되지라
이거슨 배신이여,
재미 부치믄 안 됭께로 잘 좀 혀 보드라고

물앵경
잘 챙겨설라믄
잠수헐 땐 숨 멈추랑께

한 가인佳人

나보다 더 날 사랑한 한 가인이 있었네
온 누리 꽉 찬 나를 어찌할지 모른다는
그 애탄 숨 막힌 밀어蜜語,
공명 없이 받아 든,

떠나가는 뒷모습의 그림자도 외면한 뒤
텅 빈 그 자리가 내 전부임을 안 즈음엔
장맛비 천둥 번개 불러
하늘 찢고 울었네

이제 그만 잊으라는 주위의 끌탕 듣고
머리는 도리질 쳐 그 이름 지우지만
가슴엔 온기 차마 못 잊는
한 가인, 새겨 있었네

해주고픈 이야기 네 가지
  ―아들에게

네 진가 몰라주는 세상에 실망 마라
깜깜한 밤하늘에 더 밝은 별을 보렴
이미 넌 어둠 밝히는
한 줄기 빛이다

흙수저 대물려 준 내게도 원망 마라
바닥 기는 개미마저 배곯는 일 없는 법
이미 넌 남들과 다른
성실함을 갖췄으니

나만 아니면 되는 이기에도 편승 마라
모자라면 쪼개 쓰고 남으면 베풀어주렴
나보다 남을 더 아끼는 게
앞선 자의 몫이다

기회 무릇 닿는 때엔 머뭇대며 주저 마라
무심코 보낸 오늘은 다시 오지 않는 어제
손아귀 꽉! 움켜쥔 하루로
밝은 내일 싹 틔우렴

불두화 어머니

무람없는 배꼽시계 발길 잦은 앞마당에
쌀 씻는 기척 없이
밥 짓는 연기 없이
어머니
주먹밥 내셨네
동네잔치
여셨네

동구 밖
쳐다보며,
까치발 내딛으며
못 본 채 지나칠까 지나새나 차리시다
끝내는
성불하셨네
부처 머리 이셨네

돌도끼 리모컨

내 손에 쥐어 있다, 선사의 돌도끼가
마침맞게 진화하여 매무새도 날렵해진,
덩치 큰 상대를 눕혀
제멋대로 부린다

필살의 날을 갈아 예까지 내달렸다
혈흔도 통증도 없는 무소불위 손길로
재바른 옹근 손끝이
시공간을 넘나든다

이 핑계 저 핑계로 늘 뒷전에 나앉혀도
살갑게 살 비비며 돌부처 조종하는
몇몇 겹 숨결이 모인
가족이란 리모컨

골목의 시간

바람의 노크에도 골목은 분주하다
맨발로 담을 넘는 담쟁이 초병 삼아
꿀잠 든 동살 깨우는
귀에 익은 발소리들

내려진 안개경보, 집들이 떠나는 시간
안부마저 뚝 끊어진 옛 그림자 발길 쫓아
가로등 침침한 눈빛
지팡이질 서툴고

맨손으로 톺아볼까, 호미로 솎아볼까
허리춤 손 얹은 나 흔쾌히 그러안던,
한 시절 가장 넓었던
나는 나를 잃었다

거짓말, 그 새빨간

1.
사위로 햇살 드니 귀인 여럿 나를 돕고…
만사형통 점괘 들고 뒤돌아 나설 즈음
띠리링, 울리는 전화
최종 부도 알리고

2.
시집은 절대 안 가, 수녀가 될 터라고
입안 가득 거품 물고 침 튀기던 우리 누이
소개팅, 때늦은 귀가
애를 배고 들어온

3.
재주도 참 비상하다, 믿고 맡긴 여의도에
팥 심어 콩을 내고 콩 심어 팥 거두는
돈 상자 꿀꺽! 삼키고
썩은 사과 내미는

4.
사법고시 5년 만에 법전 달달 외는 김 씨
올해는 응시 안 해, 모습 슬몃 감추더니
고시원, 좁은 골방 속
똬리 틀고 앉았다나

집합에 대한 언어학적 고찰

혼자여도 뿌듯했죠, 마냥 높게 쌓은 성채城砦
들붙는 돌개바람 난데없이 불어와서
공집합
빈 깍정이 죄다
들춰내기 전까지는

내리꽂는 장대비에 좁은 우산 속 뛰어든
전해오는 그대 숨결 콩닥콩닥 느껴질 때
합집합 그 너른 여운
골목길에 넘칩니다

영원하리라 다짐하던 단지斷指의 시간도 지나
가슴 한끝 저려오는 그대 떠난 빈자리에
차집합 뻥 뚫린 상처
아물기를 기도해요

아스라한 지난날에 회한 가득 남았어도
축 처진 하루를 펴 앞섶 다시 여미는 건

교집합 서로 나눈 공감
아직 남은 까닭에

여름, 그 에피그램

1. 여우비

어제 낮 대로에서
방뇨하던 고 계집애
메마른 이내 가슴
불 잔뜩 싸지르고
제 볼일
이미 봤다고
내빼는 꼴이라니

2. 분수

발설 못 해 누른 속내
시절 고이 벼르다가
한여름 뙤약볕에
뜨겁게 몸을 달궈
단번에 달아오른다

　　　　오
　　한　　르
　　홀　　가
　　황　　습
,　　　　　.
저　　　　.
　　　　　.

| 해설 |

Enter 키를 누르고
다음 세계로 떠나야 ㅎㅏㄹ ㄸㅐ

김태경 시조시인·문학평론가

몇 걸음 먼저 걷는 자

시조란 무엇인가. 시조 이론은 어디에서 나오는가.

우리는 시조가 과거에서부터 있어왔던 정형시이기 때문에, 이미 정립된 시조 이론에 맞게 창작해야 한다고 여겼을지 모른다. 시조가 생성, 변형되어온 과정과 현대시조로 자리매김하게 된 배경, 시조가 지향해오던 가치, 시조를 향유하던 계층의 특성과 문학적 반영 등은 시조문학사에 근거한다. 따라서 지금 다시 시조문학론을 집필한다고 해도, 일부 추가·변형되는 내용이 있을 뿐 그동안 기술했던 내용에 큰 변화는 없을 것이다. 지금 세상에 나온 시조문학론이 어디에서 기인했는가를 생각해

볼 때, 장르의 역사가 길다는 점에 착안하면 우리가 꺼낼 수 있는 얘기들은 그렇게 단순하지 않다. 간단히 언급하자면, 과거부터 지니고 있던 시조의 특성, 장르적 자기동일성을 바탕으로 하여 특정 시인과 학자에 의해 시조 이론이 정립되었다고 말할 수 있겠다.

그러나 시조는 긴 역사를 지나오면서 놀랍게도 몇 가지 큰 변화를 도모한 적이 있다. 면밀히 따지고 보면, 윤선도의「어부사시사」도 기존에 알고 있던 3장 6구 형식에 후렴구를 삽입하면서 형태적으로 5행 시조로 보이게 만들었고 40수로 이루어진 장형시조이다. 사설시조도 평시조의 형태에서 변형을 꾀했는데, 우리가 이상하게 생각하지 않는 이유는 그것이 향유 계층의 호응을 얻어 널리 퍼졌기 때문이기도 하다. 그리고 그때는 지금 쓰이고 있는 현대시 양식이 존재하지 않았으므로 하고 싶은 말을 충분히 담아내고자 했던 사람들의 욕구를 충족시킬 수 있는 시기상 적절한 변화였던 것이다. 변화는 여기에서 멈추지 않는다. 신체시가 유입되어오던 근대이행기에는 4행 시조가 나왔는가 하면, 그 후에는 이은상의 양장시조도 세상에 나왔다. 그러면서 시조의 이런 변이 형태가 있어왔다는 사실이 시조문학사에 남게 되었다. 주지하듯, 시조문학론은 특정 시인과 학자들 몇몇에 의해 정리되는 것이고, 새로운 시작은 창작자들이 어떤 작품을 발표하는가에 기인한다.

다시 한번 강조하자면, 시인들의 창작물이 발표되고 난 후, 그것에 바탕을 두고 이론이 만들어진다. 그러므로 지금 – 여기에 발표되고 있는 시조를 기존의 시조문학론으로 모두 설명할 수 없다. 시인들은 늘 이론보다 몇 걸음 더 나아가 있으며, 그들이 앞서가는 속도를 이론이 따라잡지 못하기 때문이다. 그리고 이미 있는 이론으로 시인의 상상력을 제한하려고 해서도 안 된다. 그런데 일부 시조 연구자나 평론가, 시조시인은, 유독 시조에 관해서는 좀 지나치다 싶을 정도로 과거에 정립된 이론에 국한되어 지금 - 여기의 시조를 평가하는 경우가 있다. 시조의 주제의식과 형상화 방식, 전개 양상 등, 시조문학사를 제외한 시조 이론은 어디까지나 '과거의 시조'에 해당하는 얘기일 뿐이다. 지금 - 여기에 시조를 창작하고 있는 시인들은 이미 몇 발자국 앞서 걷고 있다.

 이로써 시인들의 존재는 더 소중해졌다. 우리는 시조시인 한 명 한 명의 존재를 그냥 지나칠 수 없는 것이다. 그들이 곧 지금 - 여기의 시조 세계를 구축해가는 일원이기 때문이다. 그리고 우리는 이제, 첫 시집 『스팸메일』을 세상에 내놓은 백윤석 시인의 시조 속으로 들어가 보려고 한다. 몇 걸음 앞서 걸으며 고민했을 백윤석 시인만의 시조문학론과 창작 세계를 엿볼 수 있을 것이다. 백윤석 시인이 새로운 방향으로 홀로 걸으며, 시조 안에서 어떤 것들을 실현하고자 했는지 공감할 차례이다.

사람 곁에 꽃이라는 프리즘

 사람은 왜 문학작품을 읽을까. 위로받고 싶거나 내면에 엉켜 있는 감정들을 말로 표현하기 힘들 때, 그런데 그것을 표현하고 싶을 때 문학작품을 읽는다. 쓰는 행위도 여기에서 크게 벗어나지 않을 것이다. 백윤석 시인의 내면에 내재된 표현 욕구가 시조와 만났다. 그리고 그 욕망은 2016년 〈경상일보〉에 「문장부호, 느루 찍다」가 당선되면서 세상에 드러났다. 그가 시조를 창작한 지 16년이 지나서였다. 긴 시간 그의 욕망 속에서 오랫동안 자리 잡은 대상은 무엇이었을까. 첫 시집 『스팸메일』을 열어 보면, 가장 먼저 다양한 '꽃'을 만나게 된다. 시집의 제1부가 '꽃이 내게 전하는 말'로 구성되어 있기 때문이다. 그가 새로운 출사표로 1번의 자리에 놓은 '꽃'은 시인이 세상과 만나게 하는 문이었다.

꽃은 인간과 가깝게 있으며 인간의 생활과도 밀접하게 연관되어 있다. 축하나 위로 등의 마음을 전할 때 보편적으로 활용되며 집에서 꽃을 직접 키우기도 한다. 그리고 우리 문학작품에서도 꽃을 쉽게 발견할 수 있다. 주몽 신화에 등장하는 주몽의 어머니 이름은 '화花'가 들어가 있는 '유화柳花'이며, 신라의 향가 「헌화가」「산화공덕가」, 설화 「화왕계」에도 꽃이 중요한 소재로 등장한다. 그리고 널리 알려진 김소월의 「진달래꽃」과 김춘수의 「꽃」으로 그 계보가 이어진다. 그러므로 인간과 역사적·물리적으로 가까운 꽃을 백윤석 시인이 주요 소재로 삼았다는 것은 전혀 어색한 일이 아니다. 우리가 눈여겨봐야 할 부분은 백윤석 시인이 꽃을 바라볼 때의 시선과 꽃을 통해 접하는 세상에 대한 인식일 것이다.

너 한 발 나 한 발로
　　내딛는 무욕의 땅

　　엎어지면 일으키고
　　일어서면 잡아끄는

　　저 들녘
　　하늘 오르는
　　두레박 물질 소리
　　　-「타래난초」 전문

　하늘에 오르면 무엇을 말하고 싶을까. '타래난초'는 줄기 따라 꽃이 매달린 모습을 하고 있는데, 꽃이 줄지어 선 모양이 마치 하늘에 오르는 두레박과 흡사하다. 시인의 발상은 여기에서 시작된다. 미국 시인 존 프레더릭 님스John Frederick Nims는 "어떤 것을 이해하려는 우리의 노력은 그것과 유사한 것으로 잘 알려진 어떤 것과 연관시킴으로써 출발한다. (……) 우리의 정신세계는 유사함을 발견하면서 작용한다"[1]라고 말한 바 있다. 새로운 대상이 시신경을 거쳐 뇌에 들어왔을 때, 그것과 유사한 특성을 지닌 대상이나 현상이 떠오른다는 것이다. 이런 유사성에

---

[1] 유혜숙, 「서정주 시의 '꽃' 이미지에 나타난 제의성 고찰」, 『한국문학이론과 비평』 11, 한국문학이론과비평학회, 2001. 6, 16쪽 재인용.

의해 비유가 발생한다. '타래난초의 꽃이 핀 모양≒하늘 오르는 두레박'이 성립되는 것이다. 그러나 시인은 단순히 시각적 비유에서 멈추지 않고, 이를 청각 이미지로 전환하여 "두레박 물질 소리"를 듣는 것으로 갈무리한다. 그의 시적 상상력이 단순하지 않고 복합적으로 작용하는 것을 느낄 수 있다.

시인의 발상은 비유에서 시작되었지만, 초장과 중장을 지나오면서 의인화 기법으로 이어진다. 인용 시에서 '나'와 타자인 '너'는 서로 "무욕의 땅"에서 "엎어지면 일으키고/ 일어서면 잡아"끌어 준다. 백윤석 시인은 타래난초의 모습에서 인간이 상호부조하는 양상을 읽어낸 것이다. 의인화anthropomorphism는 어원상 '인간의 형태'를 지칭하는 그리스어에서 파생되었다. 의인화는 인간의 특징을 사물이나 자연물에 투사하는 것을 말하는데, "투사의 과정 자체는 투사자인 인간의 관점과 욕망으로 대상을 대상화 혹은 인식적으로 수용한다는 함의를 내포"[2] 한다. 우리가 사는 세계가 "무욕의 땅"은 아닐 것이다. 자본과 물질에 대한 욕망으로 다툼이 끊이지 않기 때문이다. 그런데도 시인이 이렇게 표현한 것은 자연물인 타래난초에서 '무욕'의 경지를 읽어내고, 이를 시인 스스로 내면화한 심적 행위가 대상에 투사된 것이리라. 백윤석 시인은 의인화를 통하여 타래난초와 인간의 세계를 연결하고, 양자가 하나로 융합되는 가능성을 시조로 나타냄으로써, 이들이 상호부조하는 이상 실현의 소망

---

2) 전세재, 「포스트휴먼 : 의인화와 동물 - 되기의 기법」, 『문학과 환경』 7, 문학과환경학회, 2008. 12, 167쪽.

을 향해 한 걸음 나아가고 있다.

  의인화 기법은 자연의 사물이나 배경을 보여주기 위한 은유적 수단으로 활용되는데, 백윤석 시인은 그런 문학적 기교에 머물지 않는다. 인간 사회 속에서 느끼는 고독과 고립을 꽃이라는 자연 이미저리를 활용하여 의인화하고, 이 기법을 기반으로 인간과 자연이 상호작용하게 한다. 다음 시를 만나보자.

    미황사 대웅전 앞 햇살 한 뼘 남은 자리
    안거에 들지 못한 벌 몇 마리 불려 와서
    비파꽃 향기를 안고
    현 고르는 저물녘

    봄 그리 기다리며 탑을 도는 사람보다
    털외투 입고 와서 꽃망울 터뜨리는
    안으로 멍든 세상에
    오체투지 던지는 꽃

    너테 낀 가풀막 위 수레 한 대 뒤뚱인다
    장갑도 양말도 없이 어둠을 되작이는
    할머니 꽁꽁 언 손발,
    눈보라를 헤쳐 간다
    ―「비파꽃 설법說法」 전문

시적 화자는 전남 해남 땅끝마을에 위치한 미황사에 있다. 그리고 대웅전 앞에 피어있는 비파꽃과 마주하였다. 이 꽃은 "털 외투 입고 와서 꽃망울 터뜨"린다. 비파꽃은 본래 늦가을에서 초겨울에 걸쳐 피는 새끼손톱만큼 작은 하얀 꽃인데, 그 모습이 화자의 눈에는 "안으로 멍든 세상에/ 오체투지 던지는" 듯 비춰진 것이다. 비파꽃을 의인화하여 고독과 고립을 견디는 인간을 형상화한 대목이다. 이런 비파꽃의 모습은 셋째 수에 와서 할머니로 연결된다. 할머니는 얼음이 낀 경사 길에 수레 한 대를 끌고 가신다. 할머니는 "장갑도 양말도 없이" "꽁꽁 언 손발"로 "눈보라를 헤쳐" 가고 있다. 비파꽃과 할머니가 겹치면서 자연 이미저리와 인간이라는 이항二項이 접목되는 것이다. 의인화는 대상을 통해 인간의 경험이나 말을 전달하므로 인간 중심적이기 쉽지만, 백윤석 시인은 꽃과 할머니 사이의 이분법적 경계를 지움으로써, 둘 사이의 관계성을 형성하는 영매적靈媒的인 시도를 하고 있다.

백윤석 시인이 꽃을 노래하는 방식은 그 곁에 사람을 불러 세우는 양상으로 나타난다. 그것은 인간이 상호부조하는 모습에 대한 희망으로 표현되거나, 고독과 고립 속에 묶인 소외된 자를 위로하는 것으로 형상화된다. 다음 시에서 만난 제비꽃은 백윤석 시인에게 어떤 영감을 주고 있을까.

    소슬바람 귓속말로 보도는 들썩인다
    스펙 없는 발걸음들 박자 놓친 퇴근길에

블록 틈,
제 계절 잃은
제비꽃에 발이 멎고

비정규직 후일담이 무자맥질 하는 길목
몸통 불린 큰 그늘이
일순, 나를 덮쳐오면
꺼지던
불씨 살리는
보랏빛 몸짓 하나

피곤한 뒤축 끌며
또 하루가 눕는 시간
불쑥 이는 삼각파도 골목 꽉꽉 조여와도
철 이겨 피는 꽃대는
끝내 막지 못한다
-「꽃대, 일어서다」 전문

  시인의 눈에 들어온 제비꽃은 보도블록 틈에서 계절을 잃고 피어 있다. 이런 제비꽃의 "보랏빛 몸짓"은 꺼져가던 불씨도 살릴 만큼의 생명력을 지녔다. "철 이겨 피"어 있는 모습을 본 화자는 현실에서 오는 무게를 덜어내고 삶의 에너지를 얻는 것이다. 그렇다면 화자는 어떤 상황에 놓여 있는가. "스펙 없는 발걸음"으로 "비정규직 후일담이 무자맥질 하는 길목"에 있다. 그가 사는 하루의 끝이 피곤할 수밖에 없는 이유이다. 그러나 제비꽃을 보며 '꽃대'를 일으켜 세운다. 크게 달라질 것 없이 늘 비슷한 일상의 연속이지만, 그 안에서도 눈에 잘 띄지 않는 작은 자연물을 발견하고, 구겨지고 주름진 시간을 펼쳐내는 것이다. 그리고 여기, "꽃대 하나 일"으켜 세우는 또 한 사람이 있다. 다음 작품을 눈여겨보자.

> 후드득 빗소리에 대합실이 다 젖는다
> 쉼 없이 비를 털며 들락대는 사람들 속
> 척추 휜 우산 하나가
> 구겨진 채 나뒹군다
>
> 한때는 온몸으로 빗줄기를 막던 그도
> 살대가 부러지면서 하염없는 잠에 빠지고
> 노숙의 차디찬 빗소리
> 꿈결인 듯 듣고 있다
>
> 일순, 그 안에서 꽃대 하나 일어선다
> 성긴 꽃 잎눈이라도 손아귀에 움켜쥐고
> 비 듣는 세상 밖으로
> 무릎걸음 걷는다
> −「어떤 우산」 전문

시적 대상인 그도 한때는 튼튼한 우산처럼 "온몸으로 빗줄기를 막"았을 것이다. 그러나 지금은 삶의 무게로 "살대가 부러지면서" "척추 휜 우산"인 양 "구겨진 채 나뒹"구는 노숙 생활을 하고 있다. 하지만 시인은 그가 "무릎걸음"으로도 "비 듣는 세상 밖으로" 걸어 나가는 모습에서 꽃을 연상한다. 「어떤 우산」이 우리가 이번 장에서 살펴보는 다른 시편들처럼 꽃을 전면에 내세운 것은 아니다. 그렇지만 백윤석 시인은 세상 밖으로 나가기 위해 일어나 걷는 모습을 "꽃대 하나 일어선다"라고 형상화하고, 또 그가 "성긴 꽃 잎눈"을 "손아귀에 움켜쥐고" 있다고 말하면서, 꽃을 사람 안으로 불러온다. 사람이 곧 꽃인 셈이다. 이런 시적 행위는 고독과 고난의 길을 걸어가는 사람에 대한 연민과 애정 섞인 시인의 눈에서 발아된다. 여기에 백윤석 시인의 고유한 언어가 살아 숨 쉰다.

　이 밖에도 백윤석 시인이 사람 곁에 꽃을 두는 시조는 "금빛 햇살 눈이 부신/ 국적 잃은 한 구석에/ 전통혼례 예비하는 서양 신부"(「족두리꽃」)를 조명하거나, "감긴 태엽 다 풀린 듯/ 멈춰 선 시계 하나"를 보며 "갈 길 잃은 손끝에도/ 빛의 다비 남겨"(「시계꽃」)지길 바라는 소망을 담고 있다. 또는 "다 잠든 야음을 틈타/ 기습 공격"하는 "파르티잔 달구비 장군"(「달구비 대첩」)으로도 그려진다. 백윤석 시인은 위로받고 싶고, 위로하고 싶을 때 꽃의 곁으로 다가간다. 꽃은 자연물 중에서도 연약하고 아름답지만 끈질긴 생명력도 지니고 있다. 꽃을 만난 시인은 내면에 엉켜 있는 감정과 말을 시조 안에 풀어놓으며 내면의 결핍을 채워가는 것이다. 앞으로 시인이 어떤 대상과 함께하게 될지 그의 시적 행보가 주목된다.

온고지신이라는 '기본값'과 변형의 미

문학이 당대의 정치·사회·경제·문화 등과 밀접하게 연결되어 있으므로, 시인은 그 개인이 속한 집단의 역사적 기억을 작품 속에 담게 마련이다. 그리고 동일한 역사적 기억을 가지고 있는 다른 개인들은 문학을 토대로 서로 소통하게 된다. 이때 어떤 특정한 역사적 기억에 대한 시인의 인식과 표현 방법 등이 집단을 이루고 있는 개인들로 하여금 당대의 현실을 객관적이고 새로운 시각으로 인식하게 만드는 계기를 제공한다. 이는 그 집단의 정체성을 규정하는 중요한 지표로 작용하기도 한다.

백윤석 시인은 이번 시집 제3부에 '온고지신'이라는 주제로 시조 작품들을 선보였다. 여기에는 역사적 사실을 재현하는 데 집중한 「이산」 「세검정을 읽다」 「초당의 불빛」과 같은 일군의 작품이 있는가 하면, 역사적 사실을 변용한 「훈민정음해례본을 읽다 2」 「달, 황진이」 「어사의 달」 「완도莞島를 말하다」 등의 새롭고 흥미로운 작품들이 구성되어 있다. 이 작품들은 대부분 인물에 바탕을 두고 있다. 전설적인 인물은 역사에서 패자의 기억이 도사릴 때, 비범한 인물에 대한 민중의 문학적인 해원 의식을 바탕으로 소환된다. '좌절의 상황 — 영웅 모티프의 시적 도입

-회복과 상생의 의지'라는 단계를 거치며 시화되는 것이다. 이로써 현실 문제를 타개하고 극복할 수 있도록 원자화된 개인을 집결시키는 효과를 준다.

「논개, 용궁에 가다」 역시 전설적인 인물에 바탕을 두고 있다. 이 작품은 역사에서 여성 영웅으로 알려진 논개를 소재로 하면서, 설화의 후일담으로 이루어져 있다. 일반적으로 논개 설화는 임진왜란 때 2차 진주성 전투라는 역사적 배경 위에 전해진다. 성이 함락되자 제장이 자결하고, 성에 있던 관군·의병·민간인이 왜적에게 도륙된 뒤, 관기 논개가 왜장을 유인하여 남강에 함께 투신한 사건이 근원 설화이다. 야담집에 수록되어 오늘날까지 전해지고 있는 논개 설화의 뒷이야기를 백윤석 시인의 시적 상상력을 통해 들어보자.

오물을 끌어안고 푸른 바다 넘본 논개

오염 물질 투기죄로 용궁에 잡혀 오는데 오메, 용궁에선 전혀 못 본 천하제일 절색이라. 문어장군, 거북군사 오라는 무슨 오라 껴안기 몸 비비기 호송 마냥 늦어지고, 건강 체크 한답시고 젖꽃판, 깊은 숲 훑기, 진단법도 다양하다. 편작도 울고 갈 새 시대의 치료법이라나. 게다 끌고 영문 모르고 끌려간 작달막한 왜인 장수 구린내 펄펄 나는 입 벌리며 하는 말이 그 누가 아무리 자기네 땅이라 우겨도 죽도에서 죽도록 맞고 싶어 독도를 죽도라고 우겼다나. 여차저차 끝에 용왕 앞 끌려간 논개, 이생에 한이 많

아 후생에 반도의 왕으로 태어나길 간청하는데 남해 용왕, 미모
탐하다 헛송신을 했다나 봐. 어머나, 반도의 왕으로 보낸 이가,
보낸 이가 글쎄… 논개의 거푸집에 왜장을 넣었다나

   아뿔싸, 이 일을 어째 반도 저리 요란하다
   -「논개, 용궁에 가다」 전문

논개 설화에서 왜장은 '오물'로 표현되었다. 그리고 사후에 논개가 받는 것은 의로운 행동에 대한 '포상'이 아닌 뜻밖의 '벌'이었다. 죄목은 오물이라는 오염 물질을 바다에 투기한 행위이다. 이 때문에 논개의 사후 행적은 의외의 사건들과 결합하게 된다. "용궁에선 전혀 못 본 천하제일 절색"인 논개가 "새 시대의 치료법"이라는 명목하에 농락당하고, "작달막한 왜인 장수"는 "구린내 펄펄 나는 입 벌리며" "독도를 죽도라고 우"기는가 하면, 용왕 앞에 끌려간 논개가 "후생에 반도의 왕으로 태어나길 간청"했는데, 반도의 왕으로 보내진 이는 결국 왜장이었다. 백윤석 시인이 전하는 논개 설화의 뒷이야기는 다분히 씁쓸한 풍자로 되어 있다. 그렇다면 무엇에 대한 풍자인가. 논개 설화 이후부터 오늘날까지, 일본과의 관계에 대한 역사적 기억과 현실에 대한 풍자인 것이다. 오랜 시간 변하지 않는 역사에 대한 뼈아픈 비판과 조소가 반영되어 있다.

다음 인용 시는 앞서 살펴본 작품들과 다르게 서양의 고전 「알리바바와 40인의 도둑」에서 소재를 취하였다. 이 작품 역시

「논개, 용궁에 가다」처럼 인물의 사후 행적에 대한 상상력으로 진행되지만, 「논개, 용궁에 가다」보다 해학적이다. 그리고 그 해학 속에는 휴머니즘이 녹아 있다.

  마르자나 도움으로 천국에 간 알리바바

  동방의 작은 나라 금수강산 보고 싶어 옥황상제 뇌물 먹여 양탄자 타고 내려오다 천국 문에 걸린 올, 실밥이 솔솔 풀려 서울 저 한복판에 뚝! 하고 떨어졌겠다. 전후 사정 안 가리고 허둥지둥 내려온 터라 주머니는 텅텅 비고 배에서는 구조 신호⋯ 동굴 같은 은행 앞에 선 줄 보고 저도 서서 무작정 기다리는데, 기다리는데 앞선 사람들이 뭔가를 찾아 흡족한 듯 돌아가는 거라. 순서가 돌아오자 그냥은 갈 수 없어 잊을 뻔했던 주문을 기억해내 냅다 외치는데 열려라 참깨! 아무리 외쳐봐도 문은 열리지 않고 제 말만 반복하는 숨어 있는 여자 목소리 혹여 마르자나가 아닐까 밤을 새워 나오길 기다리는데⋯ 아직도 은행 모퉁이에 쪼그려 앉은 사람 보거들랑

 굶주린 이방인에게 관심 몇 닢 떼어주시길,
  -「알리바바 한국에 오다」 전문

 마르자나는 지혜로워서 이상적인 여성상으로 알려져 있다. 그런 마르자나의 도움으로 알리바바는 천국에 가게 되었는데,

"동방의 작은 나라 금수강산 보고 싶어" "양탄자 타고 내려오다 천국 문에 걸"려 서울로 떨어지게 되었다. 돈은 없고 배가 고픈 상황에서, 은행 앞에 줄지어 선 사람들을 보고 자기도 무작정 기다린다. 그러나 현금인출기의 존재를 모르는 알리바바는 "열려라 참깨!"를 외치다가 지친 상태가 된다. 현금인출기에서 흘러나오는 여자 목소리에 혹시 마르자나가 아닐까 생각하며 밤새 기다리는 것이다. 그리고 시인은 마무리에 재치 있게 덧붙인다. "아직도 은행 모퉁이에 쪼그려 앉은 사람 보거들랑// 굶주린 이방인에게 관심 몇 닢 떼어주시길"이라고.

마무리 구절에서 알리바바는 두 부류의 인간상을 떠올리게 한다. 하나는 빈곤한 노숙자이고, 다른 하나는 망명하거나 소외된 외국인이다. 이 작품을 읽은 혹자는 이 두 부류의 인간상 말고 또 다른 인간상을 떠올렸을지도 모르겠다. 그게 누구이든 알리바바는 거처를 정하지 못하고 굶주린 채로 은행 모퉁이에 쪼그려 앉아 있다. 그가 이렇게 되기까지의 형상화 과정은 해학적이었지만, 시조의 종장에는 해학보다 인간의 온정이 자리한다. 사람에 대한 연민과 휴머니즘이 내재해 있는 것이다. 이 작품은 요즘 시조에 흔히 보이는 '노숙자'와 같은 진부한 시어는 쓰지 않았다. 대신 고전을 차용하여 색다른 시적 상상력으로 소외된 인간상을 형상화하고 인간애라는 주제의식까지 담아냈다. 백윤석 시인이 시적 형상화에 대한 고민을 어떻게 풀어가고 있는지 알게 해주는 부분이다.

이번 장에서는 백윤석 시인이 시조 속에 담은 '온고지신'의 경향과 고전의 현대적 변용까지 살펴보았다. 시인이 작품에서 이를 어떻게 형상화하였는지 따라가 보면 그가 고전과 전통을 어떻게 해석하고 받아들였는지를 알 수 있기 때문이다. 더불어 시적 형상화 과정을 통해 고전에 대한 해석과 수용은 물론 독자와의 소통 의지 양상도 엿볼 수 있다. 그는 우리 역사에 기록된 인물들의 영웅적 행보나 특징을 소재로 현재의 시간을 되돌아보고 비판적 목소리를 담아내기도 한다. 또 역사적 인물이나 고전을 변용하여 시적 상상력을 발휘하고 새로운 이미지의 시조를 선보이는 데 주력한다. 물론 그 배경에도 역사 현실에 대한 고민과 인간에 대한 따뜻한 시선, 정의로움 등이 녹아 있다. 백윤석 시인이 '온고지신'을 통해 독자들과 소통하고 싶은 담화도 이러한 것들을 내포하고 있을 것이다.

시조를 바꾸는 감수성, 시조가 바꾸는 감각

감수성은 일반적으로 외부 세계의 자극을 받아들이고 느끼는 성질을 일컫지만, 문학예술에서는 특히 이성과 구분되는 정서적 개념으로 인식되곤 했다. 낭만주의의 영향을 받은 감수성이라는 개념에 대해, 대상에 대한 감성을 표현하는 것이라고 정의했기 때문이다. 그래서 소설 장르보다는 서정 장르인 시에서 더 중시되었다. 한국 문학사에서 근대문학의 시작과 동시에 지각된 감수성은 주체가 세상을 바라보는 태도와 연관되고 시대 상황에 따라 변화한다. 하나의 대상에 대해서도 그것을 바라보는 주체에 따라, 즉 시인에 따라 시대의 감수성이 작동하는 방식에 의해 달라질 수 있다는 것이다. 그렇다면 지금 - 여기의 감수성을 어떻게 말할 수 있을까. 오늘날은 감수성에 대해 분절적으로 감성의 영역에 있다고 말할 수 없을 것이다. 감수성은 나와 타자, 나와 세계 사이의 관계에서 민감하게 작동하는 것이며, 타자에 대한 공감 능력은 이성에 근거한 사고력과도 연결되어 있기 때문이다. 그러므로 지금 - 여기에서 말하는 감수성은 감성과 사고력의 어디쯤에 위치한다고 생각해야 할 것이다.

시인은 나와 타자, 나와 세계 사이의 관계를 민감하게 인지하는 사람이므로 감수성이 예민하기 마련이다. 그리고 시인 내면에서 감성과 사고력을 민활하게 작동시키고, 감각을 통해 이를 인지하며 감각적 언어로 표현한다. 시인이 좋은 시조를 쓰기 위해서 좋은 감수성을 지니고 있어야 할 것이다. 좋은 감수성이란, 시적 대상과 시적 상황에 적합하도록 감성과 사고력을 움직이게 하는 데서 온다. 여기에 감각적 언어를 거치면 더 좋은 시조가 세상에 나오게 되는 것이다. 백윤석 시인은 좋은 감수성을 키우기 위해 노력하는 시인이며, 이를 시조로 표현하고자 "그 신기루 잡으려/ 연필에 침을 묻"(「시인의 말」)히고 있다. 다음 시에서 시조에 대한 그의 속내를 엿볼 수 있다.

점 하나 못 챙긴 채 빈 공간에 갇히는 날
말없음표 끌어다가 어질머리 잠재우고
글 수렁 헤쳐 나온다,

바람 한 점 낚고 싶어

발길 잡는 행간마다 율격 잠시 내려놓고
어머니 말의 지문 따옴표로 모셔다가
들레는 몇몇 구절을
초장으로 앉혀야지

까짓것, 급할 게 뭐람 쌍무지개 뜨는 날엔
벼룻길 서성이는 달팽이도 불러들여
중장은 느림보 걸음,
쉼표 촘촘 찍어보다

그래도 잘 익혀야지, 오기 울컥 치미는 날
뙤약볕 붉은 속내 꽉 움켜쥔 감꼭지로
밑줄 쫙! 종장 그 너머
느낌표를 찍을 터
-「문장부호, 느루 찍다」전문

백윤석 시인의 데뷔작이기도 한 위 시는 시조를 쓰는 과정과 문장부호를 조화롭게 연결하여, 시조를 천천히 무르익게 만들어가는 시인의 자세를 형상화하였다. 화자는 시조를 쓰며 "바람 한 점 낚고 싶"지만 "점 하나 못 챙긴 채 빈 공간에 갇히"고 만다. 그럴 때는 "말없음표 끌어다가 어질머리 잠재"운다. "발길 잡는 행간마다 율격 잠시 내려놓고" 내면에서 어수선하게 떠드는 몇 구절을 '초장'에 쓰고, 중장은 "쉼표 촘촘 찍"으며 천천히 이어간다. 그러다가 "뙤약볕 붉은 속내 꽉 움켜쥔 감꼭지"처럼 종장에는 느낌표를 찍으며 마무리한다. 시조를 쓸 때 화자의 정서 변화같이 읽히기도 하지만, 실은 시조 장르가 지닌 호흡이나 보편적인 전개 양상으로 봐도 무방하다. 다층적 의미에 문장부호를 배치하여 감각적인 느낌을 자아내는 것이다. '시조'에 대한 진지한 시인만의 감수성으로 '시조'의 감각적 세계를 펼쳐 보인 수작이다.

 창작은 "숨 막히는" "가중처벌"처럼 느껴질 때가 있다. "뜬눈으로 지새우다 곧추앉은 책상 앞에/ 손에 쥔 애먼 연필심만/ 툭! 힘없이 부러"(「불면, 혹은 기근」)지기 십상인 것이다. 때때로 "찾아올 땐 저만 급해 볼일 봤다, 코를 고는/ 저 저 저,/ 웬수 바가지 시詩"(「어떤 신방」)와 같다. 하지만 멈추지 않는 시조 창작에 대한 백윤석 시인의 열정은 다음 시를 선보이게 한다.

  나, 너는 모르던 사이 콤마조차 없던 사이
  단어, 단어 사이에는 협곡의 바다가 있다
  그곳엔 돌고래가 와서 점프하며 뛰논다

  '와'라는 낯선 다리가 협곡에 놓인 순간
  외딴섬인 단어들은 연륙교에 묶인다
  다리가 놓이자마자 어디선가 날아온 새

꿈틀조차 않던 섬이 '와'에게 붙들린 뒤
어느새가 둥지 틀자 우리로 변한 사이
관계를 무너뜨린 건 초겨울에 핀 개나리

개나리는 새를 날리고 고래마저 사라지자
나는 다시 백지 위 외마디의 굼뜬 단어
발등에 대못을 질러 구두점을 찍는다
―「사이에 대한 언어학적 고찰」 전문

 위 시에는 지금 ‒ 여기에 자주 등장하는 '나'와 '너'의 '사이'에 대한 철학적 고민이 담겨 있다. '나'와 관계를 맺지 않은 '너'는 각기 개별자로 존재하는 '나' '너'일 뿐이다. 양자 간의 단절을 말하기 위하여 시인은 이 둘 사이에 "돌고래가 와서 점프하며 뛰"놀 수 있을 정도로 깊은 "협곡의 바다가 있다"고 말한다. 그런데 '나'와 '너' 사이에 "'와'라는 낯선 다리"가 놓인다. 이렇게 둘이 관계를 맺는 순간, 외딴섬처럼 각자 떨어져 있던 단어는 '연륙교'로 묶이고 어디선가 '새'들도 날아온다. 마르틴 부버 Martin Buber에 의하면, 사람은 '너'에게 접함으로써 '나'가 된다. 그리고 '나'라는 의식은 관계의 짜임 속에서 나타난다. 그렇지만 관계 사건은 농축되었다가 먼지처럼 흩어진다.[3] 잠시 '우리'로 변했던 '나'와 '너'는 '와'가 없는 '나' '너'가 되는 것이다. 초

---

3) 마르틴 부버, 표재명 옮김, 『나와 너』, 문예출판사, 2018, 47쪽.

겨울에 피면 안 되는 개나리같이 관계는 무너지고, 개나리는 새를 날리며, 협곡에 있던 고래마저 사라진다. 관계의 종결과 동시에 고래마저 사라진 걸 보면, 관계 맺기 전에 바다에서 뛰놀던 고래는 관계의 가능성과 희망을 내포한다고 봐야 할 것이다.

사실 "잉태되는 순간부터 사람은 섬이었다 (……) 연륙교, 그 짧은 길은/ 끝내 닿지 않았다"(「섬」). 그렇기에 관계에 있어 "발등에 대못을 질러" 마침표와 같은 "구두점을 찍는" 일은 어렵지 않게 발생할 수 있다. 타자로서 '너'는 '나'와 합일이 쉽지 않은 대상이기 때문이다. 이 작품은 백윤석 시인의 감수성이 '관계'라는 추상적인 외부 자극에 닿았을 때, 이성에 근거하여 감상적 수식을 절제한다는 것을 잘 보여준다. 감성과 사고력의 적절한 조화 위에 언어학적 발상을 덧입혀, 시조를 지금 – 여기에 알맞은 감각의 세계로 안내하는 것이다.

이 밖에도 백윤석 시인이 지닌 개성 있는 감수성으로 시조를 낯선 감각의 세계로 안내하는 작품들을 발견할 수 있는데, 가령 지구를 포함한 행성들을 보며 "연이은 저 연쇄 충돌/ 블랙홀에 빠지는 별"(「포켓볼」)을 떠올리거나, 수학적 상상력에 기반하여 '관계'에 대해 "차집합 뻥 뚫린 상처/ 아물기를 기도"하고 "교집합 서로 나눈 공감/ 아직 남"(「집합에 대한 언어학적 고찰」)아 있다고 표현하는 부분들이 그러하다.

한편, 다음 시는 '네팔'이라는 시어에 중의적 기법을 적용하여, 유머를 동반하면서도 대상에 대한 진정성을 드러낸다.

히말라야 근처랬지
　　수도는 카트만두
　　서울에서 비행시간은 기껏해야 6시간 반
　　그런데 어쩐 일인지 난 2달째 비행 중

　　급유는 하는 걸까
　　조바심 자꾸 생겨
　　만년설 덮였어도 따사롭게 느끼는 곳,
　　이제는 그만 내려서 그곳에 닿고 싶네

　　지상에 단 한 곳, 이르고픈 미답의 성지
　　아, 코앞에 있어도 쉽게 닿지 못하는
　　언제나 가 닿을지 모를
　　그리운 그, 너의 팔
　　-「네팔」 전문

　첫 수는 고유명사로서의 '네팔'에 대해 언급하며 시작된다. 비행기로 6시간 반 정도면 도착할 수 있는 수도 '카트만두'에, "어쩐 일인지 난 2달째 비행 중"이다. 그러면서 독자들의 궁금증을 자아낸다. 둘째 수에서도 화자가 '만년설'이 뒤덮일 정도로 추운 '그곳'을 따사롭게 느낀다고 하여 독자들로 하여금 또 한 번의 의문을 이끌어낸다. 그러나 화자는 마지막 수에서 그곳이 고유명사 네팔이 아닌 '너의 팔'이라는 의미를 지닌 '네 팔'

이었다는 정보를 준다. 이로써 앞서 두 수에서 가졌던 궁금증과 의문이 해결되고, 독자들은 그의 작품에서 위트를 느끼면서도 대상에 대한 그리움이라는 화자의 진정성을 이해하게 된다.

  백윤석 시인의 개성적인 감수성이 반영된 위트는 다음 작품에서 빛을 발한다.

    탈옥을 꿈꿔왔다,
    입질은 핑계였다

    식상한 미끼를 문 건
    치밀히 짠 나의 계획

    내 몸에
    새겨진 죄수복
    벗어버리고 싶었다,

    조용히 살려 해도
    등 떠미는 오지랖에

    아무거나 잘 먹으며
    엄지손 척! 내미는

답답한
너의 입맛을
사로잡고 싶었다,
- 「돌돔」 전문

  우리는 일반적으로 돌돔이 물 밖으로 나오는 것을 위험하다고 생각한다. 그러나 이 작품은 그런 평이한 발상에 대한 전복을 꾀하는 것으로 시작한다. 물 밖으로 나오는 것은 '탈옥'이며 '입질'은 탈옥의 꿈을 실현하기 위한 핑계였던 것이다. 이는 돌돔의 몸에 새겨진 줄무늬가 죄수복을 연상시키는 것과도 연결된다. 위트 있는 시인의 시적 상상력이 잘 드러나는 지점이다. 「돌돔」의 주조음인 발상의 전환은 둘째 수에서 극치를 이루는데, 아무거나 잘 먹는 너의 입맛을 사로잡기 위하여 탈옥을 하게 되었다는 너스레가 상대의 마음을 사로잡겠다는 화자의 득의양양한 의지로 읽히기 때문이다. 게다가 시인은 작품의 마지막 수에 마침표가 아닌 쉼표를 찍어서 돌돔처럼 싱싱하게 살아 있는 의지가 지속되고 있음을 보여주고 있다. 이를 시적 성취에 대한 시인의 의지를 반영한 것으로도 생각해보면, 「돌돔」은 보편적 인식의 전복과 더불어 시조에 대한 백윤석 시인의 진정성을 내포한다는 것을 알게 된다.

  또 그의 첫 시집에는 형태미를 추구하여 의미를 시각화하고 심화하려는 시도가 엿보인다. 도돌이표처럼 반복되는 직장인의 일과를 그린 「하루의 음계」와 여성성을 상징하는 '여우비',

남성성을 그린 '분수'를 소재로 한 「여름, 그 에피그램」이 그 예이다.

도심지 밖 시작 음은 높은 도가 내걸린다

애옥살이 겨운 무게 해가 더디 눈을 뜰 때 노루잠 든 하루 일과 들깨우는 수탉 소리 삼복날 올려질 식단, 제 차렌지 모르고

시작부터 전쟁이다, 벼룩잠 안 깬 뒤끝 허둥지둥 고양이 세수 그림의 떡 상 물리고 자동차 기침 소리가 출근길 줄을 선다. **라**디오나 크게 틀까, 노땅 티 허물 벗게, 몰아닥칠 잔소리는 좀 지나면 썰물이라 깜짝쇼, 준비한 랩으로 근심일랑 일단 접고

솔솔 부는 인사 바람 뜬소문만 와자하다. 만년 과장 내 어깨 위 햇살만 와 두드릴 때 쥐구멍, 별 들 날 있다 추임새를 넣는 바람. **파**열음만 자욱하다, 거래처 시소 전화 발길 잡는 안개 더미 넉살 좋게 풀어내고 퇴근길, 한잔 술로도 갈지자로 걷는다

미로였다, 뒤안길은 어둑서니 판을 쳤다. 어머니 꼬부랑길 내 굽은 길 펴고 갈 때 들리는 나직한 음성, 굽은 등 다시 편다. **레**일도 뒤틀렸다, 바퀴마저 고장 났다. 그럭저럭 안전 운행 급제동도 없던 날에 아이들 키 크는 소리, 못 이룬 꿈 되감고

도 트이는 낯선 길목, 파열음 속 잠이 든다. 먼저 잠든 곤한 모습 안쓰러워 뒤척이다 아내의 코 고는 소리 이중주 화음 낼 때,

끝없는 도돌이표가 가는 눈을 키운다
-「하루의 음계」 전문

1. 여우비

어제 낮 대로에서
방뇨하던 고 계집애
메마른 이내 가슴
불 잔뜩 싸지르고
제 볼일
이미 봤다고
내빼는 꼴이라니

2. 분수

발설 못 해 누른 속내
시절 고이 벼르다가
한여름 뙤약볕에
뜨겁게 몸을 달궈

단번에 달아오른다

    오
  한 르
  홀 가
  황 슴
  ,   .
  저
     .

―「여름, 그 에피그램」 전문

　「하루의 음계」는 사설시조인데 길어진 중장에 연 구분을 하여 음계별로 의미 단위를 분절하였고, 「여름, 그 에피그램」은 둘째 수 종장에 카타르시스를 보여주기 위해 형태미를 살려 표현하였다. 오늘날의 시조에서는 두 시가 보여준 형태미 추구 양상을 심심치 않게 만날 수 있다. 그러나 백윤석 시인은 이번 시집에서 이러한 시도를 아주 드물게 두 편에서만 시도하고 있고, 전반적으로 시조의 기본 형태를 지키는 편이다. 그의 시조의 형태미 추구에 대한 시조론이 앞으로 어떤 방향으로 확고해질지는 다음 시집을 만나봐야 알 수 있을 것이다. 형태미를 추구한 시편이 확장될 수도 있고 완전히 사라질 수도 있기 때문이다. 그래서 우리는 그의 다음 시집이 궁금하고 또 그의 창작 세계가 어떻게 변모할지 기대하게 된다.

시인 모두 자기만의 시조론과 시조 창작론이 있다. 그동안 발표된 시조 창작론이 시조에 입문하고자 하는 사람들에게 마중물이 될 수 있지만, 그것이 읽는 사람의 창작론이 되는 것은 아니다. 시조 창작론은 개인만의 것이기 때문이다. 시인들이 계속해서 새로운 시도를 하면서 그동안 보지 못했던 시조들이 세상에 나온다면 그에 맞게 새로운 시조 이론이 발생하게 되는 것이다. 그러니까 우리는 아직도 '시조는 무엇이다' 내지는 '시조는 이렇게 써야 한다'라고 말할 수 없다. 그리고 시조를 두고 명확하게 '무엇이다'라고 말할 수 있는 날은 오지 않을 것이다. 시조는 계속 조금씩 변화를 겪을 것이고, 그게 시조시인들의 일이기 때문이다. 시조 이론가들이 시인들의 놀랄 만한 작품들을 보고 자기가 알고 있던 시조 세계가 깨어지는 경험으로 연결되어야 한다.

시인과 시조 이론가들이 자기가 알고 있는 시조 세계가 깨어지고 문이 열린다는 것은 좋은 일이다. 고루한 시조에서 조금씩 발걸음을 옮기고 점점 새로운 세계로 나아간다는 것을 의미하기 때문이다. 그것은 진보이고 진화이다. 시조가 정형 양식이라고 해서 시조의 진보와 진화까지 그 자리에 고정될 필요는 없다. 우리는 이번 장에서 백윤석 시인이 자신의 감수성을 시조에 표현하는 양상, 그의 감수성이 시조를 어떻게 감각화하는지 몇 편의 시를 통해 살펴보았다. 시조의 진보와 진화를 위해, 백윤석 시인이 지닌 지금 - 여기의 감수성이 새롭고 감동적인 시조론을 낳길 빌어본다.

남아 있는 나··날··· 속에 소··환···되는 기. 억.

"한 시절 가장 넓었던/ 나는 나를 잃었다"
–「골목의 시간」 일부

 문학의 시작은 여기에서 출발하는 게 아닐까. '나'와 '시간'에 대한 고민.
 '나'를 들여다보기 위하여, 지나온 시간에 있었던 사건들을 떠올린다. 소위 '기억'이라고 말하는 것들을 지금의 시간으로 끌어와 재생하는 것이다. 그 과정에 소급되거나 더 선명해지는 기억도 있겠다. 현재를 살기에도 여유롭지 않은 생활에, 지난 기억을 불러와 시인이 얻는 것은 무엇인가. 시인은 '나'에 대해 첨예하게 갈등하는 사람이다. '나'라는 존재를 온 감각으로 느끼고 싶어 하지만, 실제 거울 앞에 있는 '나'를 확인하면서도 '나'를 망각한다. '나'는 분명히 현전하는데, 현전을 확신할 수 없기 때문이다. 그래서 때로는 내가 시뮬라크르로서 존재하는 것은 아닌지 하는 의구심마저 들곤 한다. 보드리야르는 이제 "지도가 영토에 선행하며, 심지어 지도가 영토를 만들어낸다"[4]라고 말했다. 시뮬라크르가 시뮬라크르를 생산할 수 있는 능력을 확보함으로써 더 이상 '현실/실재'와 '상상/가상'의 구별의 어려워지고 있다는 의미이다. 실제로 이 세상은 존재하지 않는

---

4) 장 보드리야르, 하태환 옮김, 『시뮬라시옹』, 민음사, 2001.

데도 존재하는 것보다 더 생생한 기호나 인공물들을 만들어내지 않던가. 지나온 시간에 있었던 기억을 지금의 시간으로 불러오는 이유는 이런 세상에서 '나'의 존재를 좀 더 선명하게 느끼고 싶은 내적 욕망이 만들어내는 행위일 것이다. '나'를 생生의 중심에 세우기 위한 각고의 노력이라고.

> 햇살이 나를 범해 나는 그를 낳는다
> 배부름도 산통도 없이 쑤욱쑥 낳은 그
> 그래서 만만한 게다
> 무덤덤히 품는 게다
>
> 단 한 벌로 계절 나는 무채색 저 의복을
> 한평생 단 한 번도 갈아입지 못하면서도
> 그는 참 비위도 좋다,
> 날 따르는 것을 보면
>
> 편안하다, 저 어둠 속 그에겐 굴레가 없다
> 땅바닥 드러누워 온갖 흉내 다 해내다
> 비 들자 따르던 발길
> 잠시나마 멈춰 선,
> ―「그림자」 전문

'나'의 현전을 확인하기 위하여 '나'의 그림자를 살펴봐야겠다. 실체의 '나'와 '나'의 그림자 중에서, 때로는 실체의 '나'보다, 내가 만들어낸 시뮬라크르로서의 '나'의 그림자가 '나'의 기억과 욕망을 더 분명하게 읽어내도록 이끄는 등불이 되기 때문이다. 위 작품에서 보여주는 그림자의 모습은 만만하거나 무덤덤히 품는 모습이다. 또 무채색의 단 한 벌로도 실체의 '나'를 잘 따르면서 굴레 없이 편안하다. 여기에서 우리는 실체의 '나'가 지니는 자아에 대한 기대와 욕망이 '나'의 그림자에 투영되어 있다는 사실을 인지할 수 있다. 이런 인지 작용은 현실 세계를 살아가는 '나'에 대한 반성적 행위이며, 자아 성찰의 과정이다. 이렇게 나의 본질과 욕망을 읽어냄으로써 '나'의 현전을 재탐색하는 것이다.

이번 시집의 표제작이면서 제27회 신라문학대상 수상작이기도 한 「스팸메일」에도, 존재에 대한 시인의 고민이 고스란히 드러난다.

    1.
    한 톨 씨앗 잎눈 뜨는 문패 없는 내 뜨락에
    잔뜩 덧난 상처마냥 몸 불리는 메일들이
    용케도 바람벽 넘어와
    술술 옷을 벗는다

    끊임없이 거듭되는 공복의 내 하루가
    한순간 눈요기로 허기나마 면해질까

꼿꼿이, 때론 덤덤히
삭제 키를 눌러댈 뿐

2.
눈발처럼 떠다니는 많고 많은 인파 속에
어쩌면 난 한낱 눈먼 스팸메일 같은 존재
무참히 구겨진 채로
휴지통에 던져질

눈길 한 번 받지 못한 외로 선 골방에서
팽개쳐져 들어앉아 변명조차 잊었어도
엉켜진 오해의 시간
술술 풀 날 기다리는,
—「스팸메일」전문

 '스팸메일'과 '나'라는 존재가 한 편의 시조 안에서 만났다. 자조적 어조가 묻어날 수밖에 없겠다. "끊임없이 거듭되는 공복의 내 하루"에 '눈요기'도 되지 못해 삭제되는 스팸메일을 마주하며, 화자는 '나'를 생각한다. "어쩌면 난 한낱 눈먼 스팸메일 같은 존재"일지도 모르겠구나. "눈발처럼 떠다니는 많고 많은 인파 속"에서 "눈길 한 번 받지 못한 외로 선 골방"에 있는 난, 이렇게 "무참히 구겨진 채로/ 휴지통에 던져질"지도 모르겠구나. 화자는 왜 이런 생각들에 빠져 있을까. 문제는 '시간'이다.

그냥 시간이 아니고, "엉켜진 오해의 시간" 때문이다. 합일하기 어려운 (작품에서는 드러나지 않는) 어떤 대상과 풀리지 않은 오해의 시간으로 인해 화자는 '나'라는 존재가 흔들리는 것을 느낀다.

  '나'는 '너'라는, 또는 '그'라는 대상을 통해 현전을 확인하는 존재이다. 나 혼자 존재해서는 나를 인식하기 어렵다. 타자와 관계를 유지하면서 '나'라는 존재를 인정받을 때, 진정한 '나'를 느끼게 된다. 그런데 화자는 "변명조차 잊"고 "팽개쳐져 들어앉아" 있다. 오해가 쌓인 시간들을 곱씹으며, 엉켰던 오해가 풀리기를 기다리고 있는 것이다. 결국, 골방 안은 회한의 시간과 흔들리는 존재감이 남아 있을 뿐이다. 아니, 엄밀하게 말하자면 하나 더 있다. 언젠가는 시적 상황을 전복할지도 모르는 그것, 바로 기다림. 오해가 "술술 풀"릴 날을 기다린다는 화자의 마지막 고백에는 희망이 숨어 있다. 그런 날이 올 것이라는 기대와 희망. 독자들로서는 정말 그런 날이 올지 알 길이 없다. 그러나 화자가 그런 기대를 가지고 있다는 사실만으로도 작품의 결말은 다소 낭만적이다. 무언가에 대한 희망을 갖는다는 사실 자체가 낭만적 행위이므로. 물론 기다림이 영원한 기다림으로 끝나버린다면 화자가 놓인 상황도 비극이 지속될 것이다. 작품은 이런 두 가지 가능성에 대한 궁금증을 독자에게 남겨두었다.

  '나'의 존재에 대한 물음은 어디에서든 진행될 수 있다. 오롯이 '나'로서만 존재하고 싶은 '나'이지만, 세상에 던져진 '나'는 외부 자극에 의해 오염되는 일이 다반사이기에. 심지어 생명력이 없는 자본의 세계에 놓여 있는 '나'라면? 다음 시 「2 + 1」의 화자와 같은 고백을 하게 될 것이다.

걸핏하면 폭탄 세일
지라시 넘쳐난다
혼자서도 너끈한 길 끼워 파는 난장에서
십진법 절대 가치가
덤으로 흔들린다

2×4 센터 2×9 아나
헷갈리는 셈법 사이
나도 몰래 동떨어져 떨잇거리 되어버린
아, 나는
누구였더라
짚어보는 이 아침에,

나는 어느 진열대 위 덤 포장된 상품일까
반반한 묶음 따위 바라지는 않았어도
어눌한
손가락셈으로
저문 하늘 가눈다
—「2 + 1」 전문

사람은 기억에서 자유롭지 못하다. 우리는 지나온 시간 쌓아온 기억으로 살아갈 힘을 얻기도 하고, 후회를 만들기도 한다. 오늘을 잘 살아야겠다는 마음을 갖는 것도 훗날 떠올릴 좋은 기억을 남기기 위한 건 아닐는지.「2 + 1」에서 보는 것처럼, 마트나 시장에 가면 상품을 여러 개 묶어서 폭탄 세일이라며 요란하게 판매하는 장면을 마주할 때가 있다. 내가 알고 있던 상품의 금전 가치에 혼란이 오면서 '셈법'이 헷갈리는 경험은 '나'를 흔들어놓는다. 백윤석 시인이 그런 기억을 시조 안으로 불러왔다. 앞서 살펴본 「스팸메일」이 '스팸메일'과 '나'를 연결하였다면, 「2 + 1」은 난장에서 떨이로 팔리는 '상품'과 '나'를 비교하였다. 이 작품도 「스팸메일」만큼 자조적일 수밖에 없다. "헷갈리는 셈법 사이"에서 "나는 어느 진열대 위 덤 포장된 상품일"지 생각하게 되는 것이다. 자본을 중심으로 돌아가는 시장경제는 인간의 가치마저 물질적으로 환산하는 경향을 띤다. 백윤석 시인도 이런 경향을 체험으로 느꼈을 것이다. 떨어지는 상품의 가치와 높아지는 자본의 가치, 그 속에 인간, 그중에서 '나'에 대한 고민으로 아침이 시작된다.

지난 기억은 사람을 성숙하게 만들 수도 있지만, 사람의 가치관을 비틀어놓을 수도 있다. 「2 + 1」의 기억은 오늘의 시간에 어떻게 영향을 미치고 있을까. 작품에서 말하는 것처럼, "반반한 묶음 따위 바라지는 않았어도" 가치 있는 삶으로 '나'를 채워가게 되길 바라며 "어눌한/ 손가락셈으로/ 저문 하늘"을 바라보고 있을 것이다. 그렇게 오늘의 시간에 생겨날 오늘의 기억이,

현전하는 '나'의 존재적 가치를 느끼게 해준다면, 남아 있는 나날에 백윤석 시인이 우리에게 들려줄 이야기는 또 다른 방향으로 흘러갈지 모른다.

    외로움도 참다 보면
    내성이 생긴다고
    살갑던 품속 그녀 떠나보낸 어느 해 봄
    누군가
    말해주었네
    눈이 녹듯 잊을 거라

    눈이야 때가 되면 제 스스로 결박을 풀지만
    내 안엔 얼키설키 똬리 튼 인연의 끈
    <u>스르르</u>
    풀리면 좋겠네
    이내 깜냥만으로도

    밤새도록 뒤척이다 목울대 잠기는 날엔
    창가를 지켜주던 성긴 달빛 몇 줄기가
    차라리 눈물이면 좋겠네,
    내게는 다 말라버린…

    인연은 강들의 조우, 묵묵하던 강들의 조우

> 만나고 헤어짐이 이리도 쓰린 거라면
> 바위가 길을 막아도
> 소리 내지 않으리
> -「어떤 내성」 전문

　이번에 소환된 기억은 이별이다. 사람은 일생에 걸쳐 어떤 방식으로든 이별을 경험한다. 그리고 의미를 부여하는 정도에 따라, 이별은 충격으로 남거나 그냥 흘러가는 자연스러운 인간사의 일부가 되기도 한다. 우리가 「어떤 내성」을 감상하며 생각하게 될 부분은, 화자가 이별을 대하는 시적 태도와 사유 - 감성의 흐름이다. 지금까지 백윤석 시인의 첫 시집에 수록된 몇 편의 시조를 읽어보았는데, 그중에서도 가장 감성적인 작품이 아닐까 싶다. 그리고 여러 시편에서 발견했던 냉소와 자조, 풍자, 해학 등의 특질보다 백윤석 시인의 감정의 결에 가장 가까이 있지 않을까 생각한다. 그래서 「어떤 내성」을 본 지면의 마지막 작품으로 소개한다.

　위 시는 묵묵하게 흐르는 강처럼 차분하고 고요한 어조로 이루어져 있다. 이는 이별을 대하는 화자의 태도와도 연결되는데, 아픔을 말하면서도 감정을 절제하고 있기 때문이다. 마치 눈에 눈물이 살짝 고였으나 흘러내리지 않고, 입은 말을 삼키며 지그시 다물어져 있는 그런 얼굴을 떠올리게 한다. 아마 이별이라는 특정 사건에만 해당하는 얘기가 아닐 것 같다. 백윤석 시인이 삶의 곳곳에 숨어 있는 상처와 아픔을 대할 때의 태도일 것이라고. "창가를 지켜주던 성긴 달빛 몇 줄기"가 "내게는 다 말라버린" "눈물이면 좋겠"다는 고백과, 쓰라린 상처를 두고 "바위가 길을 막아도/ 소리 내지 않"겠다는 다짐에서, 그가 눈물이 말라버릴 정도로 숱하게 많은 아픔과 상처의 시간을 인내로 견뎌왔다는 것을 가늠하게 되기 때문이다. 혼자 남겨지는 외로움도 그냥 받아들이고 참다 보면 '내성'이 생긴다는 누군가의 말처럼, 이 작품에는 견딤과 절제의 언어가 담겨 있다.

우리는 첫 시집 이후에도 유지될 백윤석 시인의 자세를 일부 가늠할 수 있다. "천길만길 무저갱 속 누구나 혼자일러니/ 아파만, 아파만 말고/ 뭐든 밟고 일어서"(「우울증」)서 고요하고 묵묵하게 나아갈 것이라는 사실을! 어느 시인은 '시인'에 대해 '하인下人'과 '거룩하다'는 단어로 표현한 바 있다. 그는 '하인'이 '다른 사람보다 아래 서는 것'이고, '거룩하다'는 것은 다른 사람을 거룩하게 만드는 일이라고 덧붙였다. 그러기 위해서는 스스로 낮은 자리에 서는 것이고, 글쓰기란 오만한 우리를 전복시키는 것이라고.[5] '나'를 들여다보고 타자와의 관계를 고민하는 백윤석 시인은 시조 안에서 더 나은 자기를 갱신하기 위하여 끊임없이 시도하고 있다. 그가 보여준 일부 자조적인 목소리는 존재적 회의감의 표출이라기보다는 자기 점검의 과정에서 나오는 자연스러운 내적 발화이다. 이로써 자세를 낮추고 절제하고 인내하는 생의 방식이 '내성'으로 굳어졌다. 백윤석 시인의 이러한 태도는 남아 있는 나날 속에 새로운 기억들을 소환하고, 오늘도

---

5) 이성복, 『불화하는 말들』, 문학과지성사, 2015, 18-19쪽 참고.

어디선가에서 '나' 자신과 시조를 전복하는 삶을 살고 있을 것이다. 이제, 삭제 키 대신 Enter 키를 누르고 다음 세계로 떠나야 할 때이다.